2012年度教育部人文社会科学研究一般项目：20世纪60年代美国博士教育规模扩张的动因、路径和质量保障机制研究（12YJC880160）

美国博士教育 的 规模扩张

赵世奎 等著

北京大学出版社
PEKING UNIVERSITY PRESS

图书在版编目(CIP)数据

美国博士教育的规模扩张/赵世奎等著. —北京:北京大学出版社,2016.5
ISBN 978-7-301-26733-2

Ⅰ. ①美…　Ⅱ. ①赵…　Ⅲ. ①博士—研究生教育—研究—美国　Ⅳ. ①G643.7

中国版本图书馆CIP数据核字(2016)第001020号

书　　名	美国博士教育的规模扩张
	Meiguo Boshi Jiaoyu de Guimo Kuozhang
著作责任者	赵世奎　等著
责任编辑	周志刚　吴卫华
标准书号	ISBN 978-7-301-26733-2
出版发行	北京大学出版社
地　　址	北京市海淀区成府路205号　100871
网　　址	http://www.pup.cn
电子信箱	zyl@pup.pku.edu.cn
新浪微博	@北京大学出版社
电　　话	邮购部 62752015　发行部 62750672　编辑部 62753056
印刷者	北京大学印刷厂
经销者	新华书店
	965毫米×1300毫米　16开本　14.25印张　184千字
	2016年5月第1版　2016年5月第1次印刷
定　　价	38.00元

未经许可,不得以任何方式复制或抄袭本书之部分或全部内容。
版权所有,侵权必究
举报电话: 010-62752024　电子信箱: fd@pup.pku.edu.cn
图书如有印装质量问题,请与出版部联系,电话: 010-62756370

引 言

尽管博士教育的重要性不言而喻,但早期的研究一般聚焦在整个研究生教育领域,并没有特别把博士教育作为单独的研究对象。直到20世纪90年代,博士教育才开始成为热门的研究话题,并出现了一批博士教育研究的经典文献。

我国博士教育起步晚,但起点高、发展快。特别是20世纪末以来,我国博士教育进入了规模扩张的快车道,目前已成为仅次于美国的博士教育大国。随着博士教育规模的扩大、博士毕业生就业的多元化以及知识生产模式的转型,我国博士教育正面临前所未有的危机和挑战。全面深化以提高质量为核心的研究生教育综合改革,既要立足国情,又要面向世界积极吸收借鉴研究生教育发达国家的典型做法和成功经验。

美国博士教育已经经历了一个半世纪的发展历程。总体而言,美国博士教育是成功的、富有创造力的,其教育模式已经被世界各国竞相模仿和借鉴。回顾美国博士教育的历史,20世纪60年代是最重要、最值得关注的时期,这不仅仅在于博士学位授予规模在1961—1970年间实现了从1万人到3万人的跨越,以及该时期博士学位授予学科结构、性别结构、留学生比例的巨大变化,还在于"二战"后美国联邦政府科技政策的重大调整,以及人们对博士教育流失率、修业年限、就业等问题的关注。

本研究以20世纪60年代为切入点,以大量相关原始文献资料为依据,重点对该时期以来美国博士教育发展的路径、动因、质量保障机制等方面进行了较为全面系统的梳理和分析。本研究成果可以作为我国教育行政部门、研究生培养单位深化博士研究生教育改革的参考和依据,其中大量的数据资料也能为学术同行进行相关研究提供支撑。

序　言

北京大学教育学院　陈洪捷

现代博士生教育诞生于德国的洪堡式大学,形成于美国的研究型大学,是高等教育中的最高层次。居于象牙塔顶端的博士生教育长期以来具有一种神秘感,外人很难越过高深知识的藩篱和神秘仪式的幕帘窥视博士教育的过程,更无法评判博士生的质量。然而从20世纪60年代起,随着高等教育的大众化发展,博士教育在美国逐渐成为考察和研究的对象。

即使如此,新兴的高等教育研究专家们仍然把本科生教育作为研究和分析的主要对象。直到所谓"知识社会"来临之际,博士生教育才逐渐脱去神秘的面纱,开始受到社会各界的关注,并时常受到社会的诟病,因而也面临改革的压力。因此在高等教育研究的领域中,逐步有了一个研究博士生教育的专门领域。

现代博士生教育之所以长期享有一种独特的地位,一个可能的原因是其起源和运行方式与传统的高等教育有着明显的区别,它不能被视为高等教育的一种简单延伸。从功能上看,博士生教育是传统高等教育一个新增的部分,是洪堡式研究型大学的产物;从组织上看,博士生教育所依托的研究生院是传统高等教育组织架构之外的新增结构,是美国研究型大学的发明。这些都反映出博士生教育的独特性,而我们对其独特性所知甚少,所以往往用高等教育研究中的思路和概念来思考博士生教育。

赵世奎从做博士后开始,逐渐专注于博士生教育,在中国博士生教育领域进行了大量的实证研究和政策研究,取得了丰硕的成果。近年来,他又从比较的视野出发,对美国的博士生教育进行了探索。两年前,赵世奎赴美进行访问研究,对1960年以来美国博士生教育的发展进行了系统梳理,对其制度和数量的发展进行了重点考察,试图挖掘博士生教育在美国的发展路径及其特征,这些对我们深入理解博士生教育有重要的意义。特别值得注意的是,赵世奎搜集了大量的第一手基本数据,非常难能可贵。

希望本书能够加深我们对美国博士生教育发展轨迹的了解,也希望本书对于探索博士教育的独特性有所贡献,更希望赵世奎再接再厉,在博士生教育研究方面有更突出的成就。

图 目 录

图 1-1　美国历年博士学位授予数 …………………………（3）
图 1-2　美国历年博士学位授予单位数 ……………………（4）
图 1-3　博士培养单位的地区分布 …………………………（5）
图 1-4　博士学位授予的地区分布 …………………………（5）
图 1-5　博士学位授予数、博士培养单位数的类型分布 …（7）
图 1-6　博士学位培养单位数、学位授予数和校均规模 …（8）
图 1-7　前若干所大学博士学位授予数所占比重 …………（9）
图 1-8　博士学位授予数在不同培养单位的累计分布
　　　　（1908，1928，1958）…………………………（10）
图 1-9　博士学位授予数在不同培养单位的累计分布
　　　　（1925，1934，1957）…………………………（11）
图 1-10　科学和工程领域博士学位授予数统计
　　　　（1920—1999）………………………………（12）
图 1-11　非科学和工程领域博士学位授予数统计
　　　　（1920—1999）………………………………（13）
图 1-12　不同学科博士学位授予数的女性比例
　　　　（1920—1999）………………………………（15）
图 2-1　高等学校入学人数统计 ……………………………（26）
图 2-2　高等学校机构数和专任教师数统计 ………………（27）
图 2-3　总研发经费和基础研发经费支出统计 ……………（38）
图 2-4　基础研发经费在不同部门的分配统计 ……………（39）
图 2-5　大学总研发经费的来源统计 ………………………（40）
图 2-6　大学基础研发经费的来源统计 ……………………（41）
图 3-1　美国博士生 10 年流失率、持续率和完成率统计 …（57）

图 3-2	美国博士生 10 年后的完成率统计 ………… (57)
图 3-3	不同领域博士学位获得者修业年限统计(TTD) … (69)
图 3-4	不同性别博士学位获得者修业年限统计(TTD) … (71)
图 3-5	不同性别博士学位获得者修业年限统计(RTD) … (72)
图 3-6	不同身份博士学位获得者修业年限统计(TTD) … (73)
图 3-7	不同身份博士学位获得者修业年限统计(RTD) … (74)
图 3-8	不同学科博士学位获得者最主要经济来源统计(2008) ………………………………… (85)
图 4-1	博士学位获得者对不同职业的就业意愿统计 …… (107)
图 4-2	博士学位获得者对教师职业的就业意愿统计 …… (108)
图 4-3	博士学位获得者在博士就读学校所在州就业的比例 ……………………………………… (112)
图 4-4	博士学位获得者地区流动性统计 ……………… (113)
图 4-5	不同学科 1958 年博士学位获得者就业部门统计 ……………………………………………… (114)
图 4-6	博士学位获得者 1970—1999 年就业部门统计 … (115)
图 4-7	获得博士学位 1~4 年后的就业部门分布 ……… (115)
图 4-8	获得博士学位 5~8 年后的就业部门分布 ……… (116)
图 6-1	中国博士生招生数和增长率 …………………… (148)
图 6-2	博士生和指导教师规模比较 …………………… (154)

表 目 录

表 1-1 不同类型博士培养单位和博士学位授予数统计(2000) ……（8）
表 1-2 不同学科博士学位获得者中留学生所占比重 ……（17）
表 1-3 博士学位获得者的来源类别统计(1960—1999) …（18）
表 1-4 不同学科博士学位授予中持临时签证者所占比重 ……（19）
表 1-5 非美国公民博士学位获得者来源地区统计(洲) …（19）
表 1-6 非美国公民博士学位获得者来源国家(地区)统计(亚洲) ……（19）
表 1-7 博士学位授予分布(1994—2003)——物理学 ……（20）
表 1-8 博士学位授予分布(1994—2003)——化学 ……（20）
表 1-9 博士学位授予分布(1994—2003)——经济学 ……（21）
表 1-10 不同学科领域博士学位获得者的年龄统计(中位数) ……（22）
表 1-11 不同性别博士学位获得者的年龄统计(中位数) …（22）
表 1-12 不同学科领域博士学位获得者的已婚比例 ……（23）
表 1-13 不同性别、国别博士学位获得者的已婚比例 ……（23）
表 3-1 伯克利电子工程与计算机系博士生退学的原因($N=97$) ……（59）
表 3-2 博士学位获得者修业年限统计 ……（68）
表 3-3 不同学科博士学位获得者修业年限统计 ……（70）
表 3-4 不同经济来源博士生的学业年限(TTD)均值(1987) ……（76）
表 3-5 美国研究生学杂费平均水平统计 ……（80）

· 3 ·

表 3-6	不同学习方式博士生年度预算(2007—2008)	(81)
表 3-7	博士学位获得者主要经济来源统计	(83)
表 3-8	不同类型资助比例和资助强度(2007—2008)	(84)
表 3-9	不同学科博士学位获得者主要依靠个人负担所占比重	(86)
表 3-10	不同学科博士学位获得者资助类型的性别差异(2011)	(86)
表 3-11	不同身份博士学位获得者最主要经济来源(2008)	(87)
表 3-12	联邦政府对研究生的直接资助统计	(89)
表 3-13	联邦政府 USOE 贷款和勤工助学项目统计	(90)
表 3-14	退伍军人法案对研究生的资助	(90)
表 3-15	实质性变化委员会对学位项目设立的审核内容	(97)
表 4-1	博士学位获得者就业率统计	(105)
表 4-2	有明确就业计划博士学位获得者就业去向统计	(106)
表 4-3	不同学科博士学位获得者选择博士后的比例	(106)
表 4-4	博士学位获得者计划滞留美国的比例	(109)
表 4-5	计划滞留美国非美国公民博士学位获得者按来源国家(地区)统计	(109)
表 4-6	不同学科 2006 年非美国公民博士学位获得者滞留美国的比例	(110)
表 4-7	科学工程领域年非美国公民博士学位获得者毕业 5 年后滞留美国的比例	(111)
表 4-8	美国公民和长期签证博士学位获得者地区流行性统计	(112)
表 4-9	博士学位获得者高等学校就业比例	(114)
表 4-10	美国博士后就读部门统计	(116)
表 4-11	美国博士后经济资助类型统计	(117)
表 4-12	美国博士后经济资助来源统计	(117)

表 5-1	理疗专业 2002—2013 年学位教育项目数分层次变化趋势	(134)
表 5-2	理疗专业学位授予情况	(135)
表 5-3	理疗专业硕士和专业博士认证项目的比较(2009—2010)	(136)
表 5-4	威斯康星大学系统专业博士学位项目统计	(141)
表 6-1	博士生对导师指导方式的评价	(159)
表 6-2	2003 届毕业生修业年限	(162)
表 6-3	2008 届毕业生修业年限	(163)
表 6-4	博士生费用来源统计	(168)

目　　录

第一章　博士教育规模扩张的路径 …………………………（1）
　1.1　培养单位的扩散 ………………………………………（3）
　1.2　学科结构的调整 ………………………………………（11）
　1.3　生源结构的多样化 ……………………………………（14）

第二章　博士教育规模扩张的动力机制 ……………………（24）
　2.1　劳动力市场需求的增加 ………………………………（25）
　2.2　联邦政府科技政策的调整 ……………………………（29）

第三章　博士教育规模扩张的保障机制 ……………………（42）
　3.1　导师制度 ………………………………………………（42）
　3.2　流失率和淘汰制度 ……………………………………（53）
　3.3　修业年限 ………………………………………………（67）
　3.4　经济资助 ………………………………………………（78）
　3.5　学位授权制度 …………………………………………（91）

第四章　博士毕业生就业 ……………………………………（105）
　4.1　就业意愿 ………………………………………………（105）
　4.2　就业地区 ………………………………………………（109）
　4.3　就业部门 ………………………………………………（113）

第五章　专业博士学位的发展 ………………………………（118）
　5.1　第一级职业学位 ………………………………………（118）
　5.2　第三代专业博士学位 …………………………………（128）

第六章　中国博士教育规模扩张的比较 ……………… (147)
6.1　博士教育规模的扩张 ……………… (147)
6.2　博士教育的质量保障 ……………… (157)
6.3　中国博士教育改革发展的政策建议 ……………… (170)

后　　记 ……………………………………………… (175)

参考文献 ……………………………………………… (177)

附　　表 ……………………………………………… (190)
附表1　美国历年博士学位授予数(1900—2012年)…… (190)
附表2　美国高校博士学位授予的类型分布 ………… (191)
附表3　美国高校博士学位授予的地区分布(%) …… (193)
附表4　美国高校博士学位授予的性别分布(%) …… (194)
附表5　美国高校博士学位授予的学科分布(人) …… (195)
附表6　美国高校博士学位授予单位的类型
　　　　分布(所) ……………………………………… (196)
附表7　美国高校博士学位授予单位的地区
　　　　分布(%) ……………………………………… (197)
附表8　总研究与发展(R&D)经费支出——按支出部门
　　　　和高校经费来源统计(2005年不变价计算,百万
　　　　美元) …………………………………………… (199)
附表9　基础研究R&D经费支出——按支出部门和
　　　　高校经费来源统计(2005年不变价计算,百万
　　　　美元) …………………………………………… (203)
附表10　博士学位获得者修业年限的学科差异 ……… (207)

第一章 博士教育规模扩张的路径

1861年,耶鲁(Yale College)谢菲尔德学院(Sheffield Scientific School)三名早期获得学士学位的学生在完成两年研究生学习后最终被授予博士学位。1876年(距离美国1776年独立恰好一百年),以美国第一所研究型大学——约翰·霍普金斯大学的成立为标志,美国研究生教育正式得到官方认可(official recognition),由此而揭开了美国研究生教育的序幕。②

从1876年至1900年,尽管美国有博士学位授予经历的大学逐渐增加到50所,但不仅美国大学和学术学位获得者并没有因此而赢得欧洲主流大学的尊重,就连美国大学毕业生也纷纷涌向欧洲的大学"镀金"。其中的问题在于,美国高等教育既分散(decentralized)又无序(unregulated),即使一些缺乏资质的机构(shaky institutions)也可以自称为"大学"并授予哲学博士学位。一些学院,甚至允许博士候选人不到学校而是在家中进行考试,这种既无标准又不统一的状态严重损害了高水平大学的声誉。③

---

① 本章部分内容原载于《教育研究》,参见:赵世奎,沈文钦.中美博士教育规模扩张的比较分析[J].教育研究,2014(1):138-149。
② RESNICK D P. Innovative Universities:When, Why and How[J]. Journal of Educational Planning and Administration,2012(2):331-341.
③ SPEICHER A L. The Association of American Universities:A Century of Service to Higher Education 1900—2000[OL]. http://www.aau.edu/WorkArea/DownloadAsset.aspx?id=1090

1900年,美国大学协会(AAU)成立。此后的近20年时间里,美国大学主要围绕研究生教育理念和评价进行了如火如荼的讨论,在规模上并没有表现出显著的变化,但为此后研究生教育的快速发展积蓄了力量。

1918年到"二战"初期,是美国研究生教育第一个快速发展的时期,其最主要的原因是希望攻读研究生的人数急剧增长。美国教育委员会的一份报告指出,从1918年到1940年,艺术和科学领域在读研究生人数从14406人增长到105748人,博士学位授予数从1064人增长到3526人(1941年)。到1940年,美国大概有100所博士学位授予高校,300所硕士学位授予高校。1921—1930年间博士学位授予的总数为13450人,到1931—1940年增加到28320人。与此同时,可授予博士学位的领域也大大增加,1916年大约有149个,到20世纪50年代中期就增加到550个。[①]

1940年以来,按照博士学位授予数统计,如图1-1所示,美国博士教育主要经历了四个较快增长的时期:第一个时期是从1947年到1951年,博士学位授予数从2951人增长到7331人,年均增长1095人;第二个时期是从1962年到1972年,博士学位授予数从11500人增长到33041人,年均增长2154人;第三个时期是从1988年到1994年,博士学位授予数从33500人增长到41034人,年均增长1256人;第四个时期是从2004年到2007年,博士学位授予数从42123人增长到48133人,年均增长2003人。考虑到博士教育当时的整体规模,20世纪60年代无疑是美国博士教育发展最快的时期。同时,在每一个较快增长期之后,都出现了一段较长的震荡调整期。总体而言,美国博士教育规模的扩张主要依赖增加校均规模与培养单位数量、缩短修业年限、大力发展新兴学科、提高女性和留学生的比重等几个途径,但在不同时期各有侧重。

[①] BERNARD B. Graduate Education in the United States[M]. New York/Toronto/London: McGraw-Hill Book Company, 1960: 14, 36, 37.

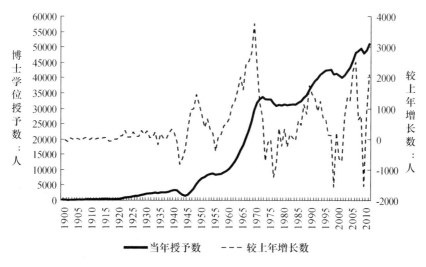

图 1-1 美国历年博士学位授予数

数据来源：1900—1999 年数据来源于 THURGOOD L, GOLLADAY M J, HILL S T. U. S. Doctorates in the 20th Century, NSF 06-319[R]. National Science Foundation, VA 2006：Table 2-4。2000—2012 年数据来源于 National Science Foundation. Doctorate Recipients from U. S. Universities Summary Report：2000—2012[R]. Chicago, Illinois：Table 1。

1.1 培养单位的扩散

直到 20 世纪 50 年代，美国博士培养单位数量的增长一直非常缓慢，在一些特定年份甚至出现了负增长。如图 1-2 所示，从 1920 年到 1960 年，博士培养单位数量从 44 所增加到 165 所，年均仅增加 3 所。进入 20 世纪 60 年代，博士培养单位的数量开始进入快速增加的轨道。特别是从 1963 年到 1973 年的 10 年间，博士培养单位数量从 185 增加到 286 所，年均增加量达到了 10 所。1974 年以来，博士培养单位数量的增长速度再次减缓。从 1975 年到 1999 年，博士培养单位数量从 292 所增加到 392 所，年均增加不足 5 所。

同时,从新增博士培养单位的类型和分布来看,公立大学的增长明显快于私立大学,西部、南部博士教育薄弱地区的增长速度明显快于中西部和东北部地区。

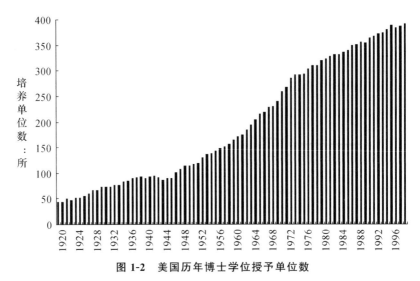

图 1-2 美国历年博士学位授予单位数

数据来源:THURGOOD L, GOLLADAY M J, HILL S T. U. S. Doctorates in the 20th Century, NSF 06-319[R]. National Science Foundation, VA 2006: Figure 2-3。

1.1.1 地区分布趋于均衡

从博士培养单位的地区分布来看,总体而言,博士培养单位在不同地区的分布逐渐趋于均衡。如图 1-3 所示,从 1920 年到 1999 年,东北部地区博士培养单位所占比重从 40.9% 逐渐下降到 23.5%;中西部地区所占比重从 34.1% 逐渐下降到 20.7%;南部地区所占比重从 15.9% 逐渐增长到 34.9%;西部地区所占比重从 9.1% 逐渐增长到 19.6%。

从博士学位授予的地区分布来看,总体而言,博士学位授予在不同地区的分布也逐渐趋于均衡。如图 1-4 所示,从 1920 年到 1999 年,东北部地区博士培养单位所占比重从 41.6% 逐渐下降到 23.3%;中西部地区所占比重从 41.1% 逐渐下降到 24.5%;南部地

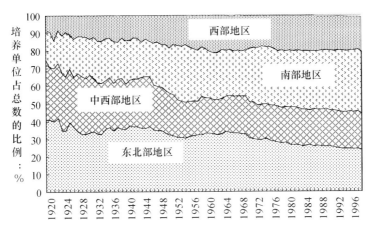

图 1-3　博士培养单位的地区分布

数据来源：THURGOOD L，GOLLADAY M J，HILL S T. U.S. Doctorates in the 20th Century，NSF 06-319[R]. National Science Foundation，VA 2006：Figure 2-3。

区所占比重从 11.2% 逐渐增长到 31.3%；西部地区所占比重从 6.0% 逐渐增长到 20.6%。

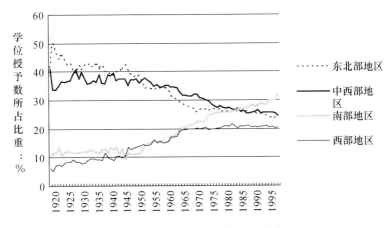

图 1-4　博士学位授予的地区分布

数据来源：THURGOOD L，GOLLADAY M J，HILL S T. U.S. Doctorates in the 20th Century，NSF 06-319[R]. National Science Foundation，VA 2006：Figure 2-5。

从不同地区博士学位授予和博士培养单位所占比重的比较来看,总体而言,两者之间的差值也在逐渐缩小。1920年东北部地区、中西部地区、南部地区和西部地区分别相差－0.7、－7、4.7和3.1个百分点,累计(绝对值)相差15.5个百分点;到1999年分别相差0.2、－3.8、3.6和－1个百分点,累计(绝对值)相差缩小为7.7个百分点。

由此可见,美国博士学位授予规模的扩张和地区分布,与博士培养单位的扩张和地区分布密切相关。

1.1.2 公立高校快速崛起

从美国博士培养单位的类型来看,总体而言,公立大学的增长速度明显快于私立大学。如图1-5所示,从1920年到1999年,公立大学培养单位数从18所增加到215所,而私立大学培养单位数从26所增加到177所。与此相适应,公立大学博士学位授予所占比重从1920年的31.1%逐渐增加到67.3%,私立大学博士学位授予所占比重从1920年的68.9%逐渐下降到32.7%。其中,以博士规模快速扩张的1960—1969年为例,1969年博士授予数是1960年的四倍及以上的均为公立大学,依次为亚利桑那大学(7.7倍)、纽约州立大学(5.9倍)、俄勒冈大学(5.8倍)、田纳西大学(5.8倍)、德克萨斯农工大学(5.6倍)、俄克拉荷马大学(4.7倍)、犹他大学(4.5倍)、佛罗里达州立大学(4.4倍)、俄克拉荷马州立大学(4.4倍)和密苏里大学(4倍)。私立大学中扩张最快的是罗彻斯特大学(3.6倍)、雪城大学(3.5倍)、凯斯西储大学(3.3倍)和约翰·霍普金斯大学(3.2倍)。这10所公立大学中有6所排名在公立大学前30名之外,它们之所以能够迅速扩张规模,也大大得益于联邦的资助。1960—1969年,30名以外的公立大学获得的联邦资助占所有公立大学获得的联邦资助的比例,从38%提高到62%。最顶尖的私立大学扩张较慢,如哈佛大学1969年博士学位授予数是1960年的2.2倍、芝加哥大学和普林斯顿大学是1.7倍、耶鲁大学和哥伦比亚大学是 1.4 倍。[1]

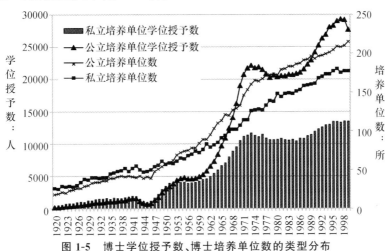

图 1-5 博士学位授予数、博士培养单位数的类型分布

数据来源：THURGOOD L，GOLLADAY M J，HILL S T. U. S. Doctorates in the 20th Century，NSF 06-319[R]. National Science Foundation，VA 2006：Figure 2-1，2-6。

1.1.3 校均规模和集聚度

1961 年以来，由于博士学位授予单位数的增长均滞后于博士学位授予总数的增长，校均学位授予规模都出现了较大幅度的提高。但是，在博士教育规模快速增长之后的震荡调整期，往往也伴随着校均学位授予规模的下降。如图 1-6 所示，1961 年到 1973 年，校均博士学位授予规模从 60 人增加到 116 人；1988 年到 1996 年，校均博士学位授予规模从 94 人增加到 108 人。

从博士学位授予在不同大学的集聚度来看，直到 20 世纪初，美国博士教育仍主要集中在芝加哥大学、哈佛大学等典型的研究型大学，其中 1900 年 14 所 AAU 大学占全国博士学位授予总规模的 90%。[2] 到

---

[1] KIDD C V. Shifts in Doctorate Output：History and Outlook[J]. Science，1973，179(4073)：538-543.

[2] THURGOOD L，GOLLADAY M J，HILL S T. U. S. Doctorates in the 20th Century，NSF 06-319[R]. National Science Foundation，VA 2006：5.

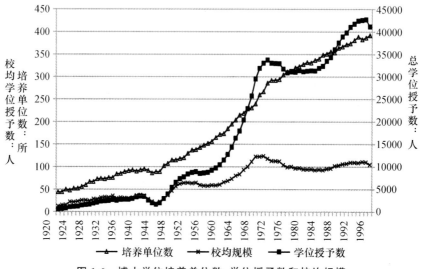

图 1-6　博士学位培养单位数、学位授予数和校均规模

数据来源：THURGOOD L, GOLLADAY M J, HILL S T. U.S. Doctorates in the 20th Century, NSF 06-319[R]. National Science Foundation, VA 2006: Figure 2-3, 2-5。

1958年，39所AAU大学合计占全国的70%。而到2000年，61所AAU大学博士学位授予数占全国总数的比例也仅为53%（见表1-1）。

表 1-1　不同类型博士培养单位和博士学位授予数统计（2000）

培养单位类型	培养单位数：所	博士学位授予数：人	占博士学位授予总数的比例：%
总计	406	41368	100
研究Ⅰ型	89	27168	66
AAU大学	61	21748	53

数据来源：NERAD M. The PhD in the US: Criticisms, Facts, and Remedies, Higher Education Policy[J]. 2004(17):183-199。

1916—1918年，在总计149个博士教育"领域"（fields）中，91个领域仅由1所高校提供，22个领域仅由2所高校提供。另外，化学领域博士培养单位有20家，历史学19家，植物学17家，教育学和物理学16家，数学和英语14家，经济学、哲学、心理学和动物学分别有13家，地理学12家，政治学11家，拉丁文10家。从培养单位的角度看,康奈尔大学同时开展博士教育的领域有49个,哥伦比亚大学38个,威斯康星大学34个,芝加哥大学31个,宾夕法尼亚大学26个,加州大学、霍普金斯大学和密歇根大学分别有23个,明尼苏达大学和耶鲁大学分别有21个,哈佛大学19个。①

20世纪20年代中期,规模最大的5所大学(哥伦比亚、芝加哥、哈佛、霍普金斯、耶鲁大学)所授予的博士学位数约占全国的一半;到30年代,最具生产力的5所大学(哥伦比亚大学、芝加哥大学、哈佛大学、威斯康星大学、康奈尔大学)博士学位授予数占全国的1/3;在20世纪50年代,前5所大学(哥伦比亚大学、威斯康星大学、加州大学、哈佛大学、伊利诺伊大学)所占已不足1/4。②从科学和工程领域累计博士学位授予情况来看,如图1-7所示,1920年

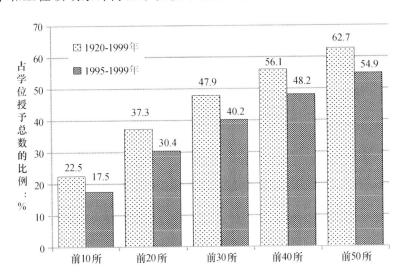

图1-7 前若干所大学博士学位授予数所占比重

数据来源:THURGOOD L, GOLLADAY M J, HILL S T. U. S. Doctorates in the 20th Century, NSF 06-319[R]. National Science Foundation, Division of Science Resources Stations, VA 2006: Table B-14。

---

① BERNARD B. Graduate Education in the United States[M]. New York/Toronto/London: McGraw-Hill Book Company, 1960:24.

② BERNARD B. Graduate Education in the United States[M]. New York/Toronto/London: McGraw-Hill Book Company, 1960:93.

到 1999 年规模最大的前 10 所大学博士学位授予数占学位授予总数的 22.5%，前 50 所大学博士学位授予数占学位授予总数的 62.7%。1995 年到 1999 年，前 10 所大学、前 50 所大学博士学位授予数占学位授予总数的比例仅分别为 17.5%和 54.9%。"

贝尔森(Berelson)对 1908 年、1928 年和 1958 年不同培养单位博士学位授予的累计分布的研究表明，如图 1-8 所示，培养规模前 30%的大学学位授予数大约占到了全国学位授予总数的 80%。

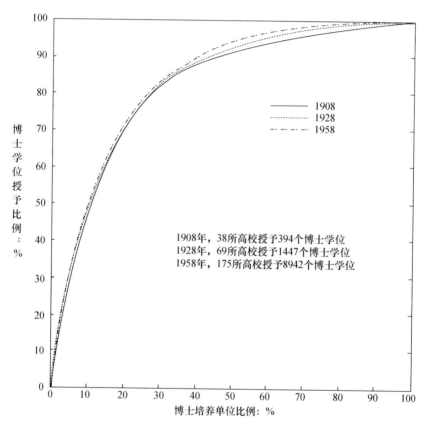

图 1-8　博士学位授予数在不同培养单位的累计分布(1908,1928,1958)

资料来源：BERNARD B. Graduate Education in the United States[M]. New York/Toronto/London: McGraw-Hill Book Company, 1960: Figure 7。

另一项研究表明，如图 1-9 所示，从 1925 年到 1934 年、1957

年,培养规模最大的前5所大学博士学位授予数占博士学位授予总数的比例从41%逐渐下降到29%和20%,前10所大学所占比重从61%逐渐下降到48%和34%,前15所大学所占比重从76%逐渐下降到69%和43%。

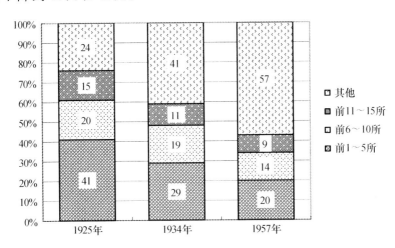

图 1-9 博士学位授予数在不同培养单位的累计分布(1925,1934,1957)

数据来源:BERNARD B. Graduate Education in the United States [M]. New York/Toronto/London: McGraw-Hill Book Company, 1960:Figure 9。

由此可见,即使在最顶尖的大学,其博士教育规模似乎也存在一个"天花板"。1971年以来,美国博士学位授予数最多的10所大学每年累计授予博士学位的总数一直徘徊在7000人左右,直到2009年才略微突破8000人,这也充分保证了美国博士教育是一种高度精英化的教育。

1.2 学科结构的调整

从整个20世纪的情况来看,在科学和工程领域,如图1-10所示,最典型的变化是工程科学的兴起、生物科学的稳定发展和物理学博士学位授予规模的相对萎缩。首先,就工程科学而言,1920—1924年累计博士学位授予数仅有60人,远低于科学和工程领域的其他学科;到1965—1969年,5年累计博士学位授予数已经达到13122人;1990—1994年,5年累计博士学位授予数达到27066人。其次,就生物科学而言,1920—1924年累计博士学位授予数为646人,仅次于物理科学,此后保持了相对稳定的发展,在整个科学和工程领域所占比重一直保持在1/5左右。第三,就物理科学而言,1920—1924年累计博士学位授予数为996人,占博士学位授予总数的1/3强,到20世纪70年代所占比重已逐渐下降到1/7左右。

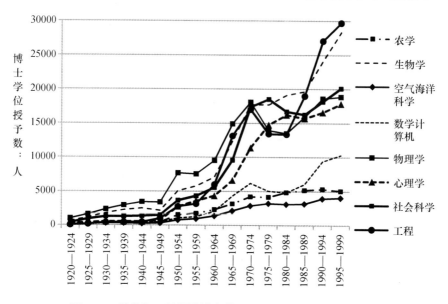

图1-10 科学和工程领域博士学位授予数统计(1920—1999)

数据来源:THURGOOD L, GOLLADAY M J, HILL S T. U.S. Doctorates in the 20th Century, NSF 06-319[R]. National Science Foundation, VA 2006: Figure 3-1。

在非科学和工程领域,如图1-11所示,在整个20世纪最典型的变化是教育学科的快速发展和人文学科所占比例的快速下降。首先,就教育学科而言,1920—1924年累计博士学位授予数为310

人,仅占非科学和工程学科博士学位授予总数的21%;进入20世纪50年代,其博士学位授予数所占比重已提高到近50%;到20世纪70和80年代,其所占比重更是达到了50%以上;到20世纪90年代,所占比重虽有下降,但也维持在40%以上。其次,对人文学科而言,在1920—1924年,其博士学位授予数达到了959人,占非科学和工程学科博士学位授予总数的65%;到20世纪50和60年代,其所占比重逐渐下降到40%~50%;到20世纪70年代,其所占比重更是下降到30%左右。

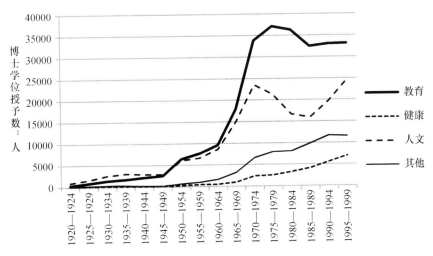

图1-11 非科学和工程领域博士学位授予数统计(1920—1999)

数据来源:THURGOOD L, GOLLADAY M J, HILL S T. U.S. Doctorates in the 20th Century, NSF 06-319[R]. National Science Foundation, VA 2006: Figure 3-1。

由此可见,作为一个具有强烈"实用主义"价值传统的国家,美国高等教育发展素有强调与产业结合,将学术界与产业界联系起来的传统。从更长的时期来看,美国博士教育学科结构的调整,与其经济发展转型、产业结构的调整密不可分。其中,最为典型的是生命科学和工程科学的兴起。20世纪40年代末50年代初,以原子能利用、电子计算机、空间技术、生物技术为主要标志的第三次科技革命悄然兴起,美国开始进入由传统工业向新兴工业的转换时期,以服务业和信息产业为标志的第三产业迅速发展,超过了工农业等第一、第二产业。此外,美国是现代生物技术研究与产业化的全球霸主,生物技术产业已成为当今美国高技术产业发展的核心动力之一。在一个世纪以前,生物学还是一个新兴领域,但随着科研和新知识的发展,更专业领域的生物学分支越来越多,如动物学、植物学、生理学和解剖学等。同时,一些更专业的方向也开始出现,如生物化学、生态学、流行病学、基因遗传学、微生物学、毒物学等。根据美国生物技术产业协会(BIO)统计,截止到2006年底,美国共有1452个生物技术公司,包括336家上市公司,生物产业收入从1992年的80亿美元上升到588亿美元,与生物科学相关的从业人员有130万人,比2001年增加了5.7%。[1] 到20世纪前10年,生命科学领域和工程科学领域博士学位授予数所占比重分别高达21.83%和14.77%,其中,细胞生物学授予的博士学位数从1980—1984年的241人增加到1995—1999年的1304人;神经科学授予的博士学位数从1980—1984年的396人增加到1995—1999年的2000人;计算机科学的博士学位授予数从1975—1979年的362人增加到1995—1999年的4603人,后者是前者的12.7倍。[2]

1.3 生源结构的多样化

1.3.1 性别结构

在整个20世纪,美国博士学位授予中女性所占比重经历了一个由高到低、再由低到高的"U型"发展过程如图1-12所示,在20

---

[1] 付红波.美国生物科技及产业发展概况[J].中国生物工程杂志,2010,30(4):135-138.
[2] THURGOOD L, GOLLADAY M J, HILL S T. U.S. Doctorates in the 20th Century, NSF 06-319[R]. National Science Foundation, VA 2006:78.

世纪 20 年代,女性在博士学位授予中所占比重达到了 15% 以上,其中非科学和工程学科领域更是达到了 20% 左右。进入 30 年代以后,女性在博士学位授予中所占比重持续下降,到 1950—1954 年,累计博士学位授予中女性所占比重仅为 9.4%,其中科学和工程学科领域女性所占比重更是达到了 6.4% 的最低点。但是此后,特别是从 20 世纪 70 年代以来,博士学位授予中女性所占比重有了快速的增长。在 20 世纪 80 年代,女性所占比重达到了 30% 以上,已经大大超过了 20 年代的水平。到 20 世纪 90 年代后期,女性在博士学位授予中所占比重更是达到了 40% 以上。

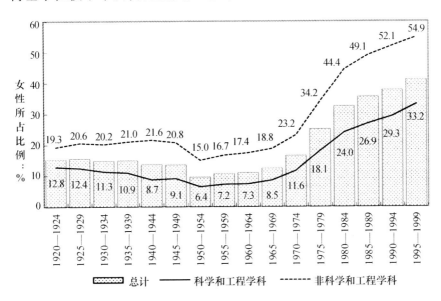

图 1-12　不同学科博士学位授予数的女性比例(1920—1999)

数据来源:THURGOOD L, GOLLADAY M J, HILL S T. U.S. Doctorates in the 20th Century, NSF 06-319[R]. National Science Foundation, VA 2006: Figure 3-3。

20 世纪五六十年代女性博士学位获得者之所以较低,一方面可能与退伍老兵进入大学有一定的关系,另一方面与此前学士学位获得者中女性比例偏低有关。1951 年到 1960 年,在总计 337.7

万学士学位获得者中,女性仅为113.5万人,占33.6%。到60年代和70年代,女性学士学位获得者所占分别提高到42.3%和45.7%。1981—1982年度,女性学士学位获得者数量开始超过男性,在整个80年代,女性学士学位获得者累计占51.2%。① 70年代后女性学士、博士学位获得者所占比重的快速提高,也得益于"二战"后联邦政府出台的一些立法政策创设的条件。例如,1963年的《平等薪酬法》是自从进步主义运动时期考虑女性就业问题以来的第一个主要联邦立法,它要求雇主支付从事所需相等技能和努力工作的女性和男性劳工相同的薪酬。1964年的《民权法》第七条规定,就业中不应该视性别为雇佣标准。1965年,美国总统林登·约翰逊签署了第11246号行政命令,标志着"平权运动"的正式出台。"平权运动"是美国政府为了改善黑人和女性的社会经济状况,确保有关法律的贯彻实施,并最终消除就业和教育领域的种族歧视与性别歧视而颁布的法律。② 1972年实施的美国《教育法修正案第九款》(Title Ⅸ)规定,任何人都不应该因为性别的原因被排除在由联邦资助的教育和活动计划之外,不能被剥夺这个计划和活动提供的待遇,也不能因性别原因受到这个计划和活动的歧视。但是,虽然女性在一些学科领域赢得了研究生教育的主战场,但在科学、工程等学科领域,女性比例仍严重不足。从长远看,调整社会各类成员进入科技领域的比例,使之趋于合理是整个社会的要求。时任美国国家研究会所属科学和工程人事部办公室主席的林达·威尔逊博士认为,(科学和工程领域)女性比例偏低的问题涉及整个教育系统的变革,关键是要制定一系列措施鼓励女性就学,如期待和鼓励,导师配备和就业指导,认可和尊重,准确的就业信息等。③

---

① SNYDER T D. 120 Years of American Education: A Statistical Portrait [M]. Washington, DC:US Department of Education, National Center for Education Statistics, 1993: Table 28.
② 王春侠,孙群郎."二战"后40年间美国女性的就业趋势[J]. 外国问题研究,2012(4):82-87.
③ 〔美〕科学、工程与公共政策委员会,等. 重塑科学家与工程师的研究生教育[M]. 徐远超,刘惠琴,等译. 北京:科学技术文献出版社,1999:88-90.

1.3.2 留学生

(1) 留学生比例

"二战"后,美国始终保持着技术领先的国际地位,这在很大程度上得益于美国拥有全世界最强大并聚集了世界一流人才的高等教育系统。每年,来自世界各地的优秀青年进入美国接受高水平的教育,他(她)们中的很多人最终留在美国并为美国做出了卓越的贡献。

如表1-2所示,一直到20世纪50年代,留学生在美国总体的博士学位授予中所占比重虽有逐渐增长,但始终控制在10%以内。20世纪60年代以后,留学生在美国博士学位授予中所占比重有了更快增长,到70年代达到了15%以上,90年代更是达到了30%以上。但是,如表1-3所示,美国公民获得博士学位的人数并没有因为留学生比例的提高而下降。由此可见,在20世纪60年代,美国博士教育的规模扩张还主要依赖于本国生源的扩张,70年代开始留学生成为美国博士教育规模扩张的主要来源,1985年以后净增加值的大部分是由于持有临时签证的留学生数量激增而造成的。

表1-2 不同学科博士学位获得者中留学生所占比重　　　　单位:%

	1920—1929	1930—1939	1940—1949	1950—1959
物理学	7.3	6.0	7.6	11.9
生物学	8.1	7.4	10.2	14.3
社会科学	6.3	5.5	6.4	7.8
艺术和专业领域	7.6	6.4	5.9	8.4
教育	4.1	2.9	3.8	4.1
总计	5.6	5.9	7.0	9.7

数据来源:HARMON L R, SOLDZ H. Doctorate Production in United States U-niversities[M]. National Academy of Science-National Research Council, Washington, D.C., 1963: Table 11。

表 1-3 博士学位获得者的来源类别统计(1960—1999)

	学位授予数:人		所占比例:%		
	总计	其中:确定来源	美国公民	长期签证	短期签证
1960—1964	58699	57868	87.0	2.8	10.2
1965—1969	103372	101227	85.5	4.3	10.2
1970—1974	161208	157535	84.7	6.0	9.3
1975—1979	159728	156079	84.1	4.6	11.2
1980—1984	156105	150578	81.8	4.2	14.0
1985—1989	163396	152679	76.1	5.0	19.0
1990—1994	193326	188322	69.1	6.1	24.8
1995—1999	210535	202015	69.2	7.9	22.9

数据来源:THURGOOD L, GOLLADAY M J, HILL S T. U.S. Doctorates in the 20th Century, NSF 06-319[R]. National Science Foundation, VA 2006: Figure 3-7。

从不同学科的情况来看,如表 1-4 所示,20 世纪 60 年代美国博士学位获得者中持临时签证者所占比重总体维持在 10% 左右,一段时期(1968—1970 年)还出现了较为明显的下降。其中,工程科学和生命科学领域持临时签证者所占比重在 15% 左右,而人文学科和教育学科领域所占比重不足 5%。进入 70 年代后,持临时签证者所占比重在所有学科领域都开始进入稳定快速提高的轨道。1970 年到 2010 年,持临时签证者总计从 2512 人攀升到 13625 人,净增 11053 人,而同期美国公民和持长久签证者仅净增 5080 人(排除少量信息缺失值)。与本科阶段留学生主要选择商业、管理方面的专业不同,攻读博士学位的留学生以学习科学与工程类的人数最多。其中,工程科学领域持临时签证者从 471 人攀升到 3851 人(净增 3380 人),占该领域博士学位获得者总数的 51%,而同期美国公民和持长久签证者仅净增 359 人;自然科学领域持临时签证者从 568 人攀升到 3351 人(净增 2783)人,占该领域博士学位获得者总数的 40.28%,而同期美国公民和持长久签证者下降了 459 人。

表 1-4 不同学科博士学位授予中持临时签证者所占比重　　　单位：%

	1963	1964	1965	1966	1967	1968	1969	1970	1980	1990	2000	2010
总计	9.83	10.21	10.73	10.63	10.04	9.89	9.07	8.72	11.92	22.58	23.37	28.34
自然科学	11.65	11.2	11.32	11.91	11.72	10.96	10.53	10.09	17.02	33.4	35.73	40.28
工程科学	15.84	14.84	15.38	16.73	15.71	15.27	14.09	13.72	34.73	46.75	46.05	50.99
生命科学	15.31	17.49	19.04	17.99	16.26	15.78	14.68	13.85	13.18	23.16	25.67	25.82
社会科学	8.14	8.99	9.97	10.23	8.99	8.87	8.21	8.74	8.86	15.67	15.62	19.92
人文学科	3.85	3.69	4.62	4.5	4.6	4.38	3.7	3.79	4.66	10.04	11.9	12.99
教育学科	4.59	5.1	4.39	3.45	3.56	4.57	4.1	3.43	6.79	7.77	8.37	9.07
其他	11.83	12.53	11.85	9.56	11.49	12.45	8.59	11.61	11.84	22.85	23.78	29.05

数据来源：National Science Foundation. Doctorate Recipients from U. S. Universities Summary Report[R]. Chicago, Illinois．

(2) 留学生来源

20 世纪 60 年代以来,亚洲一直是美国博士教育最大的生源输出地。从 20 世纪 60 年代到 90 年代,来自亚洲的博士学位获得者人数从 1 万人快速增长到 8 万多人,无论总规模还是增长速度都远高于其他各州,见表 1-5。从整个亚洲的情况来看,特别是到 20 世纪 90 年代,中国迅速成为亚洲地区博士教育生源输出最多的国家,见表 1-6。

表 1-5 非美国公民博士学位获得者来源地区统计(洲)　　　单位：人

	1960—1964	1965—1969	1970—1974	1975—1979	1980—1984	1985—1989	1990—1994	1995—1999
非洲	351	993	1602	1905	3126	3297	3620	2645
美洲	1238	2713	4435	4047	4123	4475	6341	6624
亚洲	3166	7034	11932	11273	13491	20280	39779	41100
欧洲	896	1887	3625	3009	2935	4186	6960	9020

数据来源：THURGOOD L, GOLLADAY M J, HILL S T. U. S. Doctorates in the 20th Century, NSF 06-319[R]. National Science Foundation, VA 2006: Figure 3-8。

表 1-6 非美国公民博士学位获得者来源国家(地区)统计(亚洲)　单位：人

	1960—1964	1965—1969	1970—1974	1975—1979	1980—1984	1985—1989	1990—1994	1995—1999
中国大陆	70	54	29	17	86	1802	10570	13673
中国台湾	486	1750	3155	2519	2936	4391	6933	6256
印度	1127	2106	3253	2467	2248	3049	5305	6712

(续表)

	1960—1964	1965—1969	1970—1974	1975—1979	1980—1984	1985—1989	1990—1994	1995—1999
韩国	224	511	866	889	1167	3289	7014	5733
其他	1259	2613	4629	5381	7054	7749	9957	8726

数据来源：THURGOOD L, GOLLADAY M J, HILL S T. U.S. Doctorates in the 20th Century, NSF 06-319[R]. National Science Foundation, VA 2006: Figure 3-9。

(3) 留学生就读学校

从非美国公民博士学位获得者就读学校的层次来看，以物理学、化学和经济学三个学科为例，来自加拿大的留学生就读排名前五高校占博士学位获得者总数的比例甚至超过了美国公民，而来自中国、印度等的留学生就读排名前五高校占博士学位获得者总数的比例普遍较低，见表1-7、1-8、1-9。

表1-7 博士学位授予分布(1994—2003)——物理学　　单位：%

	占全部的比重	占Top5的比重	Top5占本国比重	Low占本国比重
美国	49.6	56.1	11.9	34.5
加拿大	1.3	3.8	31.4	11.8
英国	0.4	0.9	27.7	31.9
苏联	4.0	3.6	9.5	40.5
法国	0.3	0.4	14.7	41.2
德国	1.9	1.1	5.9	40.0
印度	3.3	1.7	5.6	44.9
日本	0.6	0.4	6.7	33.3
韩国	3.7	1.9	5.5	44.7
中国	12.4	8.3	7.0	51.3

数据来源：BOUND J, TURNER S, WALSH P. Internationalization of US Doctorate Education[OL]. http://www.nber.org/papers/w14792.pdf。

表1-8 博士学位授予分布(1994—2003)——化学　　单位：%

	占全部的比重	占Top5的比重	Top5占本国比重	Low占本国比重
美国	56.1	71.2	10.1	39.0
加拿大	0.8	2.0	20.6	33.9
英国	0.6	0.4	5.8	56.7
苏联	1.5	0.8	4.0	50.2

(续表)

	占全部的比重	占Top5的比重	Top5占本国比重	Low占本国比重
法国	0.7	0.4	4.2	43.1
德国	0.7	0.8	9.4	43.9
印度	3.4	1.3	3.0	66.1
日本	0.4	0.3	6.5	40.3
韩国	2.8	1.9	5.3	50.9
中国	15.5	5.3	2.7	58.6

数据来源:BOUND J,TURNER S,WALSH P. Internationalization of US Doctorate Education[OL]. http://www.nber.org/papers/w14792.pdf。

表1-9 博士学位授予分布(1994—2003)——经济学　　　单位:%

	占全部的比重	占Top5的比重	Top5占本国比重	Low占本国比重
美国	39.0	40.7	14.1	33.8
加拿大	1.3	2.5	27.5	17.5
英国	8	1.8	29.1	17.7
苏联	1.1	0.8	10.3	30.8
法国	0.7	1.5	30.8	21.5
德国	1.4	1.8	17.3	26.3
印度	5.0	2.0	5.5	40.9
日本	2.2	2.7	16.5	14.6
韩国	7.1	3.4	6.5	31.2
中国	6.0	3.8	8.4	37.8

数据来源:BOUND J,TURNER S,WALSH P. Internationalization of US Doctorate Education[OL]. http://www.nber.org/papers/w14792.pdf。

1.3.3 年龄和婚姻状况

从博士学位获得者的年龄来看,从20世纪60年代到90年代,无论是科学工程领域还是非科学工程领域,都有一定程度的提高。比较而言,非科学工程领域博士学位获得者的年龄又普遍高于科学和工程领域,见表1-10。

表 1-10　不同学科领域博士学位获得者的年龄统计(中位数)

	总计	科学工程领域	非科学工程领域
1960—1964	31.8	30.3	35.7
1965—1969	31.3	29.6	35.5
1970—1974	31.1	29.7	34.4
1975—1979	31.7	30.1	34.7
1980—1984	32.6	30.7	36.0
1985—1989	33.7	31.6	37.8
1990—1994	34.1	32.0	39.3
1995—1999	33.7	31.9	39.5

数据来源：THURGOOD L, GOLLADAY M J, HILL S T. U. S. Doctorates in the 20th Century, NSF 06-319[R]. National Science Foundation, VA 2006：Figure 3-18。

从不同性别的角度来看，女性博士学位获得者的年龄普遍高于男性，但从 20 世纪 60 年代到 90 年代，男性和女性之间的年龄差距已经逐步缩小，见表 1-11。

表 1-11　不同性别博士学位获得者的年龄统计(中位数)

	男	女
1960—1964	31.6	36.2
1965—1969	31.0	34.4
1970—1974	30.9	32.7
1975—1979	31.4	32.8
1980—1984	32.0	34.1
1985—1989	32.8	35.6
1990—1994	33.2	36.1
1995—1999	33.2	35.0

数据来源：THURGOOD L, GOLLADAY M J, HILL S T. U. S. Doctorates in the 20th Century, NSF 06-319[R]. National Science Foundation, VA 2006：Figure 3-19。

从博士学位获得者的婚姻状况来看，20 世纪 60 年代以来已婚比例有明显的下降。其中,非科学工程领域博士学位获得者已婚比例逐步高于科学和工程领域;男性博士学位获得者已婚比例有明显下降,但仍高于女性;美国公民博士学位获得者已婚比例下降趋势最为明显,到20世纪90年代,不仅明显低于长期签证者,也低于短期签证者,见表1-12、1-13。

表1-12　不同学科领域博士学位获得者的已婚比例　　　单位:%

	1960—1964	1965—1969	1970—1974	1975—1979	1980—1984	1985—1989	1990—1994	1995—1999
总计	75.2	77.3	76.9	68.9	62.9	62.6	62.7	60.5
科学工程领域	75.4	77.0	76.4	67.1	59.8	59.6	60.9	58.8
非科学工程领域	74.9	77.8	77.6	71.4	67.4	67.2	66.0	63.7

数据来源:THURGOOD L, GOLLADAY M J, HILL S T. U.S. Doctorates in the 20th Century, NSF 06-319[R]. National Science Foundation, VA 2006:Figure 3-21。

表1-13　不同性别、国别博士学位获得者的已婚比例　　　单位:%

	性别		国别		
	男	女	美国公民	长期签证	短期签证
1960—1964	79.5	40.5	77.3	75.9	57.5
1965—1969	81.1	50.1	79.0	77.4	62.7
1970—1974	81.0	56.1	78.0	78.4	65.5
1975—1979	73.4	55.8	69.0	79.8	64.4
1980—1984	66.8	55.0	62.1	78.3	63.3
1985—1989	66.1	56.2	61.1	76.9	64.7
1990—1994	66.1	57.1	60.3	78.4	65.6
1995—1999	63.4	56.4	58.6	78.8	60.1

数据来源:THURGOOD L, GOLLADAY M J, HILL S T. U.S. Doctorates in the 20th Century, NSF 06-319[R]. National Science Foundation, VA 2006:Figure 3-22。

第二章 博士教育规模扩张的动力机制

在美国这样一个高度市场化的国家,"大部分高校研究生的招生数由院系决策而定"①,联邦政府在博士生招生方面并没有直接干预的权力。那么,是什么原因导致了美国博士教育规模的跌宕起伏?在其背后,究竟蕴藏着怎样的逻辑?鲍文(Bowen)等人指出,单靠市场调节固然可以影响博士规模,但这显然需要一个长期的过程,一方面,研究生从入学到获得学位需要很长的时间;另一方面,出于各种动机和利益,一些博士教育项目,一旦运转起来,就很难突然停下来。② 同时,学生会根据劳动力市场的就业前景选择是否攻读博士学位,攻读什么领域的博士学位,由此很大程度上决定了不同领域、不同年份的博士生入学人数。正如马丁·特罗(Martin Trow)所指出的那样,美国高等教育是入学人数驱动而不是经济驱动的。而入学人数又受到多种因素的影响,如出生率、适龄人口的规模、职业结构的变化、学生的兴趣和动机、文化力量(如

---

① BRENEMAN D W. Graduate School Adjustments to the "New Depression" in Higher Education[M]. National Academy of Sciences, Washington, D. C., 1975:73.

② BOWEN W G, TURNER S E, WITTE M L. The B. A.-Ph. D. Nexus[J]. The Journal of Higher Education, 1976, 63(1):65-86.

妇女运动)、青年人的失业率,等等,这些力量都不受政府行为的影响。①

因此,美国博士生规模的发展是政府(联邦和州)政策、市场需求、院系决策以及学生选择共同作用的结果。由于教授们招收博士生需要承担高昂的培养成本,科研经费事实上成为决定招收博士生的重要决定因素(尤其是在理工科)。就政府而言,政府与大学伙伴关系的建立,以及联邦政府对大学科研和研究生资助的增加,为更多的大学毕业生选择攻读博士学位和教授招收更多的博士生创造了条件,这是美国博士教育规模得以扩张的直接驱动力。

2.1 劳动力市场需求的增加

2.1.1 大学教师数量的短缺

20世纪40年代,由于"二战"造成的年轻科学家和工程师的大量缺失,以及美国退伍军人权利法(GI Bill)的实施,接受本科教育的人数急剧增加,培养了更多有能力接受博士教育的生源。如图2-1所示,仅从1959年到1969年,高等教育入学人数就从364万人增长到800万人。

同时,由于美国大学尤其是研究型大学普遍将获得博士学位作为获得教职的先决条件,当大学本科生数量越来越多时,对大学教师的需求也在增长。②亚瑟·科恩(Arthur M. Cohen)指出,博士学位成倍增长的主要原因是18岁年龄段人口数量的迅速增长,以及大学招生比例的提高,因此需要更多的教师。只要大学坚持认

---

① Martin T. The Implications of Low Growth Rates for Higher Education[J]. Higher Education,1976(5):377-396.
② CATTER A M. The Supply of and Demand for College Teachers[J]. 1966,1(1):22-38.

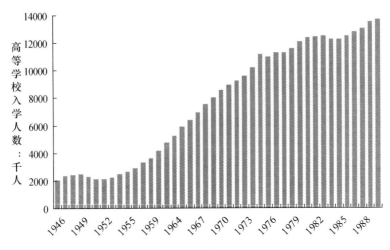

图 2-1 高等学校入学人数统计

数据来源：SNYDER T D. 120 Years of American Education: A Statistical Portrait: Table 24。

为大学教师必须具有博士学位，必然产生一种危机：从哪里找那么多持博士学位的人？由于大学招收学生数量的激增，必然导致大学拥有博士学位的教师比例下降，由此也进一步增加了对博士学位的需求。拥有博士学位教师的短缺为大学提供了良好契机，那些试图实施博士学位计划以提高学校声望的大学，借此寻求更多优秀的教师，以发展科研和获得更多的政府资助。[①]

1953年，将近30%的大学新聘教师拥有博士学位。1958年，美国教育协会（ACE）主席在会议总结发言中指出，美国未来培养的博士将不足以满足大学教学师资的需要。[②] 1959年，哈佛文理学院院长艾雷德（J. P. Elder）在文章中指出，到1970年美国一共需要495000名大学教师，但1959—1970年间美国只能培养135000～

---

① 〔美〕亚瑟·科恩. 美国高等教育通史[M]. 李子江，译. 北京：北京大学出版社，2010：244.

② BERNARD B. Graduate Education in the United States[M]. New York/Toronto/London: McGraw-Hill Book Company, 1960:70.

235000名博士。① 事实上,如图2-2所示,1965—1966学年高校专任教师总数就超过了60万人。正是在这种劳动力市场的预期之下,美国各大学开始扩大博士招生规模。

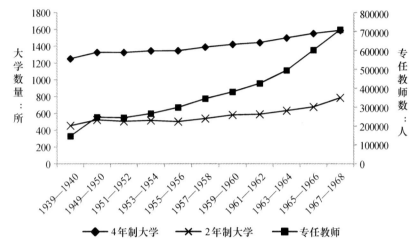

图2-2 高等学校机构数和专任教师数统计

数据来源:SNYDER T D. 120 Years of American Education: A Statistical Portrait: Table 26。

不过,物极必反,在20世纪60年代到70年代初博士教育规模的急剧扩张之后,学术劳动力市场逐渐饱和,博士毕业生开始出现"稳定的远离教育和基础科研职位的趋势,某些领域的研究生在毕业后长时期内面临着两位数的失业率"。② 在这种情况下,很多学者呼吁停止博士生教育规模的扩张。时任伯克利高等教育研究与发展所副所长的莱曼·格伦尼(Lyman Glenny)明确表示:"20世纪70年代美国的口号应该是限制博士生教育的规模,提高质量。"③

---

① ELDER J P. Reviving the Master's Degree for The Prospective College Teacher[J]. The Journal of Higher Education, 1959, 30(3):133-136.
② [美]科学、工程与公共政策委员会,等.重塑科学家与工程师的研究生教育[M].徐远超,刘惠琴,等译.北京:科学技术文献出版社,1999:43.
③ GLENNY L. Doctoral Planning for the 1970s[J]. Research Reporter, 1971, 6(1):1-5.

2.1.2 专职科研人员的增加

博士教育和科学研究有着天然的联系。美国大学的科学研究有着悠久的历史。1862 年《莫里尔法》(Morrill Act)的签署,不仅催生了大量的赠地学院,也直接导致了科研和教学一样成为大学的基本职能。1870 年代早期,哈佛大学建立了美国大学史上第一个同时服务于科研、教学的单一学科实验室——杰斐逊物理实验室(Jefferson Physical Laboratory)。1876 年 1 月 22 日,以柏林洪堡大学为样板的霍普金斯大学成立,标志着美国研究型大学的诞生。19 世纪和 20 世纪之交,基础研究和应用研究的界限越来越清晰。1916 年,为了推动更多的科学家和技术专家参加科学研究活动,以实现美国国家科学院和美国国家工程院提出的研究目标,美国国家研究委员会(National Research Council)成立。①

"二战"以后,伴随着知识的增长、专业分工的细化,以及联邦政府研究与开发经费的增长,大学内部有组织的科研活动快速增加,一些相对独立的科研机构也相继成立。这不仅体现在科学和工程领域,在社会科学领域也是如此,例如伯克利的人力资源评估研究中心(Institute of Personality Assessment and Research at Berkeley)、哥伦比亚的应用社会科学研究所(the Bureau of Applied Social Research at Columbia)、密歇根的社会科学研究中心(the Institute for Social Research at Michigan)、芝加哥的国家评价研究中心(the National Opinion Research Center at Chicago)等。与此同时,专职科研人员在教师中所占比重也迅速提高。1939—1940 年,专职科研人员仅有 6600 人,约占教师总数的 5%,且主要集中在农业研究领域。到 1958 年,专职科研人员队伍猛增到 32000 人,约占教师总人数的 10%。另一方面,大学外部有组织的科研活动也开

---

① BLANPIED W. Science for the Public Good: Natural Science Perspectives on Science Policy through 1940[OL]. Vannevar, 2010. http://cnx.org/contents/c2443c16-b642-46dd-b228-6ecfad38afc8@1/Science_for_the_Public_Good:_N

始增长。博士毕业生的最大雇主不再是哈佛、耶鲁、MIT等一流大学,而是如杜邦、GE、IBM等国际化高科技企业。[①]

2.2 联邦政府科技政策的调整

根据美国宪法,联邦政府在法律上和实际上对高等学校均没有直接的管辖权。美国历史上联邦政府的一些法律政策虽然曾对高等教育的发展起到重大的、甚至决定性的影响,如1862年《莫里尔法》、1944年《退伍军人权利法》等,但其立法的本意并不在教育。因此,尽管美国联邦政府卷入科研工作可以追溯到19世纪后期,但20世纪上半叶以及此前相当长的一段时间,科学技术活动基本上属于科学家、工程师以及科研机构、大学和企业的自主行为,在国家层面尚缺乏有关科学技术发展的整体政策考虑、系统战略设想以及相关体制机制建设,[②]联邦政府对科学的支持在其政策和职能中仍然处于边缘地位。第二次世界大战期间,美国的科学研究在解决战争中最重要的技术问题上发挥了重要作用,也促进了美国科学的极大发展。"二战"以后是美国高等教育大发展的时期,也是美国联邦政府加强干预的时期,其间联邦政府的干预机制也逐渐完善。[③]

2.2.1 政府-大学伙伴关系的建立

1862年,《莫里尔法》获得第39届国会通过,标志着联邦政府以国会法案形式对教育实施资助的开端。到1866年前后,依据《莫

[①] BERNARD B. Graduate Education in the United States[M]. New York/Toronto/London: McGraw-Hill Book Company, 1960:56.
[②] 〔美〕王作跃. 在卫星的阴影下:美国总统科学顾问委员会于冷战中的美国[M]. 安金辉,洪帆,译. 北京:北京大学出版社,2011:总序.
[③] 王英杰. 美国高等教育发展与改革百年回眸[J]. 高等教育研究,2000(1):31-42.

里尔法》建立起来的高校(university and college)总计有68所。尽管这68所高校只占美国高校总数的4%,但其本科入学人数占全国的20%,博士学位授予数大约占全国的40%。

1945年,由于看到政府组织的科学活动在"二战"中所起的重要作用,万尼瓦尔·布什(Vannevar Bush)向杜鲁门总统提交了现代科学政策的经典文献《科学——没有止境的前沿》。他明确指出,"我们正进入一个科学需要并应该得到来自政府资金日益增加的支持的时期","鼓励新科学知识的创造和青年科学人才的培养"应当成为美国政府新的责任。他建议联邦政府成立"国家研究基金会",以发展和促进国家的科学研究和科学教育事业。他的这一建议受到当时美国科学界的普遍欢迎,也得到一些政界要员的响应。① 1950年,美国国会正式通过《国家科学基金会法案》,以资助大学科研和教育为宗旨的美国国家科学基金会宣告成立。

1946年,随着成百上千的越战老兵进入大学校园,高等教育的基础设施明显变得局促起来。1946年夏天,杜鲁门总统任命了一个总统高等教育委员会(President's Commission on Higher Education),并敦促道:现在是我们重现审视我们的高等教育系统的时候了。在美国教育理事会(American Council on Education)主席乔治·祖克(George F. Zook)的带领下,由教育家和非教育界人士组成的委员会,迅速在次年年底就拿出了6卷本的研究报告——《为了美国民主的高等教育》(Higher Education for American Democracy)。

对美国社会和科学界来说,在1952年大选和1957年"苏卫一号"危机之间的几年里充满了悖论。② 在"苏卫一号"之前,艾森豪威尔对科学家们参与政策持矛盾心情,这不仅体现在"政策中的科

---

① 龚旭.美国国家科学委员会的决策职能及其实现途径[J].中国科学基金,2004(4):245-248.
② 〔美〕王作跃.在卫星的阴影下:美国总统科学顾问委员会于冷战中的美国[M].安金辉,洪帆,译.北京:北京大学出版社,2011:53.

学"上,也体现在"有关科学的政策"上。作为20年来首位共和党总统,艾森豪威尔和共和党控制的国会同时公开宣称,要取消新政府所带来的"家长式的国家政府"并削减联邦开支。在国防政策上,这届政府通过在1953年削减25%的军事研发费来"节约"开支,而这将对科学研究的资助产生重大影响。雪上加霜的是,国防部长威尔逊还公开诋毁基础研究,称这是"对那些为之提供钱财的人不可能有任何用处"的一种活动。①

与这种出自节约的动机相关,颇有权势的预算局——作为总统的管家,试图对联邦的科学政策进行集权,一是逐渐把其他机构的基础研究资金转移给国家科学基金会,使它成为这个领域的"首要机构";二是明确授权国家科学基金会来评估其他机构的研究计划。然而,国动署科顾委所代表的科学家们和基金会之外的政府科学管理者却反对预算局的动议,从而掀起了艾森豪威尔时代有关科学政策的第一次大辩论。科学家们有理由怀疑,如果五角大楼和原子能委员会放弃了基础研究,那么国会是否会允许国家科学基金会把这个缺口补起来。1954年3月17日,艾森豪威尔总统发布了第10521号行政命令,指定国家科学基金会逐渐增加对联邦支持的普通基础研究方面的责任。更使科学家们感到高兴的是,与这项命令一道发布的一份总统声明呼吁对基础研究的支持,这标志着在艾森豪威尔政府中关于科学政策的第一场争论的终结。②

尽管这项行政命令使科学家们感到很高兴,但很显然,它并没有达到预算局的目的,即建立一个能够控制开支的科学政策机制。预算局继续提醒国家科学基金会,它应在控制其他机构的项目上负起责任。1956年,预算局对联邦研发开支的忧虑与日俱增,并开始得到了总统本人同情的关注。1957年3月11日的一次内阁会

---

① 〔美〕王作跃.在卫星的阴影下:美国总统科学顾问委员会于冷战中的美国[M].安金辉,洪帆,译.北京:北京大学出版社,2011:70.
② 〔美〕王作跃.在卫星的阴影下:美国总统科学顾问委员会于冷战中的美国[M].安金辉,洪帆,译.北京:北京大学出版社,2011:76.

议上,艾森豪威尔批评了"政府近年来对任何研发资金都有求必应的倾向",并表达了他"长久以来的感觉",即"基础研究是大学而非政府的责任"。他要求联邦部门,尤其是五角大楼对"这件事进行更好的控制"。由此,在"苏卫一号"事件的前夜,在艾森豪威尔政府中开始了第二场关于科学政策的重大争论。[①] 1957年8月2日的一次内阁会议之后,艾森豪威尔批准了一份内阁政策文件,指示联邦政府在总体上削减研发经费,但继续支持基础研究,甚至还应稍微提高一点。这样,科学家们在理论上又一次成功地在保证军方资助大学基础研究的问题上守住了阵地,但在实践上,这一次科学政策之争的结果却与第一次大不相同,主要是因为国防部在决定如何执行新的政策时,径直忽略了科学家们所划的科学与技术之间的界限,导致基础研究经费实际上被大幅削减。[②]

1957年10月4日,苏联成功发射了一颗卫星。尽管艾森豪威尔确信"苏卫一号"就其本身而言,并不代表任何重大的对美战略威胁(实际上还有一些益处),他仍不得不平息由此引起的歇斯底里反应,减轻公众的恐慌。他在幕后采取了几个步骤来加速美国卫星计划,但他应对"苏卫一号"挑战最突出的公开举动是任命基里安为科学顾问和把国动署科顾委重建为总统科学顾问委员会。[③] 随着总统科学顾问委员会的崛起,美国公共科学家在和平时代与行政决策的距离从制度上变得前所未有地接近。[④]

1958年9月2日,艾森豪威尔总统签署了具有里程碑意义的《国防教育法》(the National Defense Education Act,NDEA),此法

---

① 〔美〕王作跃.在卫星的阴影下:美国总统科学顾问委员会于冷战中的美国[M].安金辉,洪帆,译.北京:北京大学出版社,2011:77.
② 〔美〕王作跃.在卫星的阴影下:美国总统科学顾问委员会于冷战中的美国[M].安金辉,洪帆,译.北京:北京大学出版社,2011:80.
③ 〔美〕王作跃.在卫星的阴影下:美国总统科学顾问委员会于冷战中的美国[M].安金辉,洪帆,译.北京:北京大学出版社,2011:95.
④ 〔美〕王作跃.在卫星的阴影下:美国总统科学顾问委员会于冷战中的美国[M].安金辉,洪帆,译.北京:北京大学出版社,2011:114.

计划在科学、数学和外语等方面改进美国教育。在《国防教育法》颁布实施后的 4 年多时间里,与国防相关的人才投入达到了 8.87 亿美元。尽管 NDEA 明确规定联邦政府不能直接"指导、监督和控制"(direction, supervision, or control)学校的发展,但事实上打开了联邦政府越来越多地卷入教育事务的大门。该法共 10 章 52 款,其中与研究生教育直接相关的包括对高校学生提供贷款以及直接为研究生提供奖学金。第二章(Title Ⅱ. Loans to students in institutions of higher education)规定:从 1959 年到 1962 年,联邦政府每年提供的贷款总额分别为 4750 万、7500 万、8250 万和 9000 万美元;这些贷款依据全日制在校生的多少分配到各州;在高校内部,贷款将优先考虑那些在科学、数学、工程、当代外国语等学科领域或其他学术领域学有所长,以及有志于从事中小学教育的大学生;每人获得贷款的上限是每年 1000 美元或累计不超过 5000 美元。第四章(Title Ⅳ. National Defense Fellowship)规定:1959 年先期提供 1500 份奖学金,1960 年、1961 年和 1962 年将分别提供 1500 份奖学金,每份奖学金分三年拨付,分别为 2000 美元、2200 美元和 2400 美元。该奖学金面向有志于成为学院教师(College Teachers)的研究生。[①] 2005 年,白宫科技政策办公室(Office of Science and Technology Policy, OSTP)委托美国科技政策研究所(Science and Technology Policy Institute, STPI)就 NDEA 对美国科技人力资源的影响进行了评估。STPI 指出,"苏卫一号"仅仅是国防教育法获得通过的催化剂,联邦政府制定教育法律的动机至少可以追溯到 10 年前(1947 年)总统高等教育委员会提出的"至少 1/3 适龄人口毕业于四年制大学(学院)"的宏伟目标。[②]

在政府中,卫生教育和福利部是负责实施《国防教育法》的主

[①] The Cold War's Effect on U. S. Education[OL]. http://www.enotes.com/topics/cold-wars-effect-u-s-education
[②] The National Defense Education Act of 1958: Selected Outcomes[OL]. https://www.ida.org/~/media/Corporate/Files/Publications/STPIPubs/ida-d-3306.ashx

要机构,但是基里安参加了决策会议。出于他的立场,总统科学顾问委员会抓住了一个更为基础的问题:如何让科学对美国人更具吸引力,尤其是在学校里。1959年5月,白宫发布了一份关于"科学时代的教育"的总统科学顾问委员会报告,该报告由加州理工学院的李·杜布里奇所领导的一个专门小组起草,作为总统科学顾问委员会对这个问题的正式回答。在很多方面,正如历史学家约翰·鲁道夫所指出的,这份报告代表了"为科学家创造更高的公共地位"的一种努力。报告还大力强调妇女应该有权接受教育和从事专业职业,但它所使用的语言是实用性的,而不是基于性别平等或者女权。报告指出:"妇女构成了研究、学术和教学方面的巨大的潜在资源,这些我们甚至还没有开始充分利用。我们应该有意识地去努力帮助她们做出自己力所能及的贡献。"① 为了在所有层次上改善美国的教育,杜布里奇报告特别提出倍增国家教育支出,实现课程现代化,以及改革政府政策。它要求联邦机构通过避免实施那些有可能伤害大学教学的拨款和合同来支持高等教育。最重要的是,它建议从总体上提高教师的工资和社会地位,以便吸引最优秀的人才进入教育行业。②

1959年夏天,总统科学顾问委员会启动了对科学政策的第三次调查,这一次聚焦的题目更加符合其成员的心愿:联邦对大学科学和研究生教育的支持。1959年7月,在基斯提雅科斯基担任总统科学顾问委员会主席后主持的该委员会第一次会议上,他提议并经委员会同意成立了一个有关基础研究和研究生教育的专门小组。小组由不久前就任伯克利加州大学校长和总统科学顾问委员会成员的格兰·西博格担任主席。大家期待这项新的研究,不仅要把前两个报告连接起来,而且还要有助于制定加强大学的特殊

---

① 〔美〕王作跃.在卫星的阴影下:美国总统科学顾问委员会于冷战中的美国[M].安金辉,洪帆,译.北京:北京大学出版社,2011:220.
② 〔美〕王作跃.在卫星的阴影下:美国总统科学顾问委员会于冷战中的美国[M].安金辉,洪帆,译.北京:北京大学出版社,2011:221.

政策。西博格小组就基础研究和研究生教育的不可分割性形成了一个核心论点,即联邦政府需要确立一种能够同时提升基础研究和研究生教育的科学政策。小组相信,当前项目拨款或合同的资助机制,和各大学纷纷建立各种独立研究所的趋势会有损研究生培养,并且研究与教育的分离也会给科学事业带来损失。然而,并不是所有的科学顾问委员会成员都同意这个对大学科学给予联邦支持的理由。报告草案在科学顾问委员会内部也引发了一场有关该由谁来控制科学政策的激烈争论。虽然大部分成员都同意加强大学教育的一般原则,但他们对联邦直接资助高等教育的政治意义有所担心。①

艾森豪威尔起初对主张扩大联邦在科学中作用的西博格报告再一次表现出一种特有的矛盾心理,不过在后来仔细研究了报告的修改稿之后,他相当热情地签署了报告并批准由白宫出版。在报告中一份由基斯提雅科斯基起草的声明里,艾森豪威尔号召建立更亲密的联邦-大学伙伴关系来促进基础研究和研究生教育的发展。总之,西博格报告把研究生教育和基础研究联系起来,并把二者与国家安全和国家威望结合在一起,为联邦政府对高等教育的全面资助铺平了道路。

20世纪60年代是美国历史上一个比较重要的时期,当时的林登·约翰逊总统倡导"伟大社会"(Great Society)运动,宣布"向贫困开战"。"伟大社会"运动最优先考虑的事项之一就是为所有美国人扩展教育机会。1963年《职业教育法》(Vocational Education Act)和《高等教育设施法》(Higher Education Facilities Act)、1964年《民权法》(Civil Rights Act)和《经济复兴法》(Economic Opportunity Act)、1965年《选举权法》(Voting Rights Act)和《初等与中等教育法》(Elementary and Secondary Education Act)的先后通

---

① 〔美〕王作跃.在卫星的阴影下:美国总统科学顾问委员会于冷战中的美国[M].安金辉,洪帆,译.北京:北京大学出版社,2011:224.

过,以及1965年服务于低收入群体的保健项目(Medicaid)的建立,为《高等教育法》的顺利通过铺平了道路。1965年11月8日,约翰逊总统签署法案。《高等教育法》是"伟大社会"运动中最为重要的立法之一,与高等教育财政有关的内容主要包括:加强社区服务项目。授权教育专员对州进行补助,旨在加强"学院和大学的社区服务项目";资助图书馆。为大学图书馆的书籍和资料提供一般补助,为有特殊需求的学院提供特别补助,为增加学院图书管理员和发展新技术提供培训补助,提供小额资金为国会图书馆提供编目服务;支持发展中的机构(Developing Institution)。为发展中的机构分配资助资金,主要是针对南部的非裔美国人高等教育机构。两年制学院和技术教育机构也有资格获得资助;设立学生资助项目。两个最重要的组成部分是联邦教育机会助学金项目(EOG)和联邦担保学生贷款项目(GSL)。此外,还将勤工助学项目从经济机会办公室转到教育办公室,并延长了《国防教育法》设立的国防学生贷款项目的实施期限;为高等教育设施提供资助。①

2.2.2 联邦政府科研资助的增加

在联邦层次,因联邦政府不拥有自己的大学,而公立大学则多由州政府设立,所以联邦政府对包括公立大学和私立大学在内的所有大学不存在直接拨款,对研究生教育的支持主要是通过大量的科研项目和针对研究生的奖学金项目实现的。州政府虽然负责对州公立大学进行高教拨款,但并没有专门的研究生教育拨款,而是将其整合到整个高教拨款之中。高教拨款主要采取公式拨款和增量拨款两种方法。在作为公式拨款主要方式的因素法公式拨款中,生均拨款额是根据教育层次(本科、硕士和博士)和学科类型来确定的。州政府对大学的支持使得研究人员具有竞争联邦和其他

---

① 魏建国.美国《高等教育法》修订与高等教育财政改革[J].北京大学教育评论,2008(4):14-27.

部门科研项目的基本条件,大量科研项目的取得可以大力促进研究生教育项目,同时也可以为大学的研究生资助提供资金支持。除了一般高教拨款对研究生教育予以支持外,州政府也通过特定科研项目、针对研究生的奖助学金项目等方式对研究生教育予以支持。地方政府也通过特定的科研项目实现对大学研究生教育的支持。[①]

科学家的训练是一个长期的、耗费巨资的过程。美国研究生教育研究专家阿兰·卡特(Alan Carter)在20世纪60年代时预测,培养一名自然科学博士生大约需要62000美元。[②] "二战"后,随着《国防教育法》《高等教育法》等一系列法令的颁布,以及国家科学基金会(NSF)、国家卫生研究院(NIH)等机构的建立,联邦政府对高等教育和高校科研的资助以法律的形式得以固定化。正如万尼瓦尔·布什博士所期待的那样,美国政府和社会开始贯彻"高校和以基础研究为中心的研究机构必须是既出新科学知识又出训练有素科研工作者的地方"的理念。[③] 1953年到1964年,美国基础研究经费从4.6亿美元增长到23.96亿美元,提高了4倍多,其中高等学校基础研究经费从1.23亿美元增长到10.71亿美元,提高了近8倍(按不变价格计算会更高);研究与发展经费(R&D)占GDP的比重从1.36%迅速增长到2.88%,其中由联邦政府资助的R&D经费占GDP的比重从0.73%提高到1.92%。到1968年,有四十多所大学每年获得的联邦政府科研经费超过1000万美元。[④] 美国政府提供的研究基金中包含了助研(RA)的经费,20世纪50年代末,平均10000~12000美元的研究基金包含一份助研奖学金,当时

[①] **魏建国**.美国研究生教育财政支持机制——拨款、收费与资助[OL].北京大学中国教育财政科学研究所简报.http://ciefr.pku.edu.cn/publishinfo_1877.html

[②] GLENNY L. Doctoral Planning for the 1970s[J]. Research Reporter,1971,6(1):1-5.

[③] 〔美〕布什,等著.科学——没有止境的前沿[M].范岱年,等译.北京:商务印书馆,2004:12.

[④] 〔美〕克拉克.探究的场所:现代大学的科研和研究生教育[M].王承绪,译.杭州:浙江教育出版社,2001:151.

每年提供的研究经费大约在2.5亿美元到3亿美元之间,所以助研的数量大约在20000~25000名之间,且大部分为博士生。[①] 1969年开始,受越南战争、经济低迷等因素的影响,美国出现了通货膨胀、高失业率、高财政赤字等经济滞胀现象,联邦政府减少了对高等学校的资助,经费短缺的矛盾日显突出。以不变价美元计算,美国联邦政府1969年到1982年对R&D经费的投入比重均低于1968年的水平,其中1975年到1979年均低于2.2%。[②]

首先,从研发经费总支出来看,如图2-3所示,按2005年不变价美元计算,美国R&D经费总支出从1953年的31.9亿美元增长

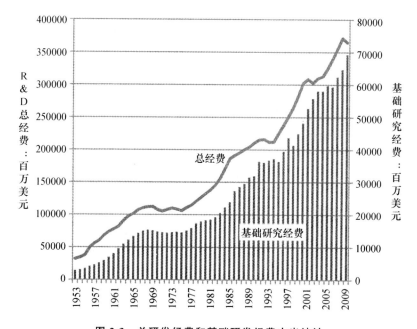

图2-3 总研发经费和基础研发经费支出统计

数据来源:National Science Board. Science and Engineering Indicators 2012[R]. Arlington VA:National Science Foundation(NSB 12-01). Appendix table 4-3。

---

① BERNARD B. Graduate Education in the United States[M]. New York/Toronto/London:McGraw-Hill Book Company,1960:148.

② BOROUSH M. National Patterns of R&D Resources:2008 Data Update[R]. NSF 10-314,2010:Table1,Table 13.

到 2009 年的 365 亿美元。其中，20 世纪 50 年代末 60 年代初是 R&D 经费增长速度最快的时期，1953 年到 1963 年的 10 年时间，R&D 经费总支出迅速增长到 90.9 亿美元，达到初始值的近 3 倍。在 R&D 经费总支出快速增长的同时，基础研究经费支出也"水涨船高"。同时，从 R&D 经费支出占 GNP 的比例来看，1955 年总 R&D 经费占 GNP 的比例还仅有 0.88%，在整个 20 世纪 60 年代，这一比例都保持在了 1.5% 以上的水平。①

其次，从基础研发经费在政府部门、工业部门、大学等机构间的分布来看，如图 2-4 所示，在整个 20 世纪 60 年代，是大学基础研发经费所占比重增长最快的时期。从 1961 年到 1970 年，大学基础研发经费（不含 FFRDCs② 研发经费）占基础研发经费总额的比重从 39.5% 快速增长到 51.6%，年均增长率超过了一个百分点。

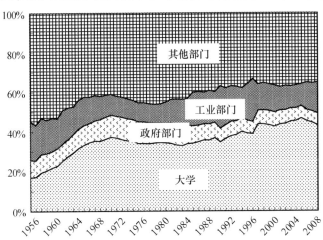

图 2-4　基础研发经费在不同部门的分配统计

注：工业部门和大学数据均不含 FFRDCs 数据。

数据来源：National Science Board. Science and Engineering Indicators 2012 [R]. Arlington VA: National Science Foundation (NSB 12-01). Appendix table 4-4。

---

① National Board on Graduate Education. Federal Policy Alternatives toward Graduate Education[R]. Washington, D.C., 1974: Table A.6.

② 联邦政府资助的研发中心。

第三,从大学总研发经费的来源看,如图 2-5 所示,联邦政府一直是大学研发经费的主要来源,但 1953 年来自联邦政府的研发经费所占比重仅为 54.7%。到 1963 年,来自联邦政府的研发经费占大学研发经费总额的比重首次超过 70%,并且这种联邦政府的高投入一直持续到 1969 年。1970 年开始,联邦政府投入所占比重开始下降到 70% 以下,以后再也没有达到如此高的比例水平。

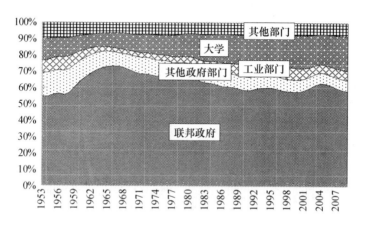

图 2-5　大学总研发经费的来源统计

数据来源:National Science Board. Science and Engineering Indicators 2012[R]. Arlington VA:National Science Foundation(NSB 12-01). Appendix table 4-3。

第四,从大学基础研发经费的来源看,如图 2-6 所示,在 20 世纪 50 年代,大学基础研发经费中来源于联邦政府的比例一直在 60% 以上。进入 20 世纪 60 年代,联邦政府投入在大学基础研究经费中所占的比重提高到 70% 以上,并且这种高比重一直持续到 20 世纪 80 年代,此后再次恢复到 60% 以上的水平。

除了联邦政府之外,州政府对大学科研和研究生教育提供一般性支持,为科研项目提供"种子资金",使得大学教授具有竞争联邦政府和其他部门科研项目的前提条件,而科研项目经费又可以

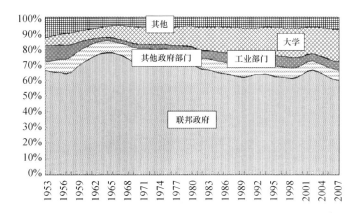

图 2-6 大学基础研发经费的来源统计

数据来源：National Science Board. Science and Engineering Indicators 2012[R]. Arlington VA：National Science Foundation(NSB 12-01). Appendix table 4-4。

对研究生进行经济支持。① 1960年，美国各州政府的大学预算大约为9亿美元，到1969年增加到30亿美元。这也使得公立大学有更充足的财力来扩大博士生教育规模，设置新的博士学位授予学科点。②

---

① 魏建国. 美国研究生教育财政支持机制——拨款、收费与资助[OL]. 北京大学中国教育财政科学研究所简报. http://ciefr.pku.edu.cn/publishsinfo_1877.html
② KIDD C V. Shifts in Doctorate Output：History and Outlook[J]. Science，1973，179(4073)：538-543.

第三章 博士教育规模扩张的保障机制

3.1 导师制度[①]

所谓制度,一般指的是由正式规则和非正式规则构成的用以规范个体与群体行为的规则体系。制度一旦形成,就会对人们理解世界的方式及其行为方式造成强大的外在影响。[②] 在博士生教育的相关制度中,导师制度是最为关键的制度之一,也是决定博士生教育质量的一个重要变量。一个导师能够培养出一个博士,同时也能毁掉一个博士。[③] 为什么导师如此重要?一种可能的解释在于院系是最基本的代理机构(the primary socialization agent),而导师是学生和院系之间最基本的媒介(the principle interface)。因此,导师通过提供出席学术会议以及大会发言的机会、参与科研项目的机会、出版的机会等对博士生的社会化、教育质量、博士毕业

---

① 本节主体内容原载于《学位与研究生教育》,参见:赵世奎,沈文钦.博士生导师制度的比较分析[J].学位与研究生教育,2011(9):71-77。
② CAMPBELL J L. Institutional Change and Globalization[M]. Princeton, NJ: Princeton University Press, 2004:1.
③ LEE A. How Are Doctoral Students Supervised? Concepts of Doctoral Research Supervision[J]. Studies in Higher Education, 2008, 33(3):267-281.

后的选择等方面做出了决定性的贡献。此外,导师对学生融入学科共同体(团体)和建立学术自信也起着关键作用。但是,现有研究也指出了一些存在的问题:一些导师和学生之间没有建立起富有效率的、双方满意的师生关系;一些导师没有提供足够的或起码的与学生交流的机会;或者在一些关键环节根本就没有为学生提供系统的指导。①

在博士教育的研究文献中,advisor 和 mentor 通常被当作同义词交叉使用。但是,也有一些文献对两者做出了明确的区分。奈特尔斯和梅莱(Nettles and Millett)指出,advisor 这一称谓往往会带有一定的"行政"色彩,例如,在博士生选课等环节要做出是否认可的"价值判断";而 mentor 更强调一种深层次的师生关系。霍利(Hawley)强调指出,Mentor 是一个和 Advisor 完全相反(contrast)的概念,后者只是简单地为博士生指明方向,而前者会伴随博士生整个学习、生活过程。

总体而言,指导教师相关文献的主题大致可以划分为三类基本内容:影响因素、指导过程、指导结果。

对于第一个主题,巴恩斯(Barnes)的研究强调了如下三个关键要素:第一个因素指向被指导者(博士生),如导师对博士生(指导)需求的认知,导师对博士生的好感的程度,博士生研究的题目和导师项目的契合度;第二个因素是导师自身当初在研究生阶段对导师指导的体验;第三个因素是导师自身对教育的认识。

费尔韦瑟(Fairweather)发现,教师的奖励机制对导师愿意和实际拿出多少时间指导博士生有直接的影响。在研究型大学,由于更关注的是承担的科研项目,而不是包括指导学生在内的教学,因此用于指导学生和教学的精力、时间就明显低于科研活动。米勒姆(Milem)等人的研究发现,1992 年和 1972 年相比,教师和博士

---

① BARNES B J, AUSTIN A E. The Role of Doctoral Advisors: A Look at Advising from the Advisor's Perspective[OL]. http://970.donhamerly.info/sites/default/files/Barnes-Austin_2008.pdf

生一起工作以及用于指导博士生的时间(比例)都有下降。一般认为,不同学科的固有传统和学术生产的组织模式也对师生关系有重要的影响。例如,"硬学科"和"软学科"的差异(Golde;Pole,et al.)。但是,巴恩斯(Barnes)等人对870名不同学科博士生的调查研究发现,不同学科间并没有体现出明显的差异。

对于第二个主题,一般学生手册上都有明确的规定和说明,但那都是程序性的东西。温斯顿(Winston and Polkosnik)建议,导师要平易近人,与学生建立和谐的关系(pleasant relationship)。约翰逊和胡韦(Johnson and Huwe)建议导师应该诚实、平易近人、细心、乐于助人。

对于第三个主题,瓦莱罗(Ferrer de Valero)研究发现,在师生之间保持紧密关系的情况下,博士生的修业年限会更短。施格兰(Seagram, et al.)等人的研究发现,那些能够在较短时间内顺利完成学业的博士生,不仅和导师保持了良好的关系,而且往往在论文等方面和导师有密切的合作。古蒂(Golde)对58名未完成学业者(non-completers)的访谈发现,他们无论是在预期目标还是工作方式上都和导师存在明显的分歧。[1]

3.1.1 导师的角色和责任

要理解和辨别博士生导师制度的差异,首先必须厘清导师在博士教育中所扮演的角色和所承担的责任,这是对博士生导师进行制度分析的起点。大致而言,导师的角色和责任可以概括为以下方面:

第一,是学业上的指导。一般来说,博士生在博士生教育阶段应当逐渐熟悉本领域的基本问题,掌握研究的基本技能,提出具有原创性的问题并最终做出原创性的知识贡献,通过这一过程成长

---

[1] BARNES B J, AUSTIN A E. The Role of Doctoral Advisors: A Look at Advising from the Advisor's Perspective[OL]. http://970.donhamerly.info/sites/default/files/Barnes-Austin_2008.pdf

为一个独立的研究者。在这个过程中,导师应当发挥一种引导性的作用,例如,在学生选择研究问题时,导师应当凭借自己对本领域研究的把握,指出学生所选择的问题是否可行。自始至终,导师应该及时反馈学生所提出的问题,通过持续不断的反馈提供指导。哈斯瓦提(Hasrati)从合法性边际参与的视角出发,将导师对博士生的指导概括为引入(initiation)、脚手架(scaffolding)、促进学生间合作和反馈四种功能。[①] 英国学者霍奇(Hockey)在对近100名导师进行了实证调查之后,将导师在指导学生时所涉及的工作内容概括为两部分:首先是学生研究项目的综合管理,这包括导师帮助学生确定研究的范围和总体方向、研究的目标、理论基础以及研究方法;其次是向学生传授研究的知识。同时,他将导师所应当具有的指导"技艺"概括为平衡、预见、定时、批判、通知(informing)和指导。[②]博士生导师应当给学生提供学业上的指导,这是对博士生导师这一角色的最本质性定义,这是国际通例,并不存在国别的差异。当然,在如何履行这一责任方面,导师之间的差异是非常大的。泰勒(Taylor)和比斯利(Beasley)认为,导师对学生的指导可以概括为四种类型:放任型(laisser-faire style),完全凭博士候选人自我管理和自主开展研究,导师不加干涉;放养型(pastoral style),博士候选人在导师帮助下自我管理和自主开展研究;导演型(directorial style),博士候选人完全在导师的安排下开展研究;契约型(contractual style),将自己需要承担的责任与学生以契约的形式表达出来。[③]

第二,是学生学位论文的把关者。 当然,在参与博士论文把关方面,导师的作用存在显著的国别差异。例如,在德国,导师不但

[①] HASTRATI M. Legitimate Peripheral Participation and Supervising Ph. D. Students [J]. Studies in Higher Education,2005,30(5):557-570.

[②] HOCKEY J. A Complex Craft: United Kingdom PhD Supervision in the Social Sciences [J]. Research in Post-compulsory Education,1997,2(1):45-70.

[③] TAYLOR S, BEASLEY N. A Handbook for Doctoral Supervisors[M]. London/New York: Rutledge,2005:63.

是博士论文的指导者,同时也是博士论文的主要评审官,负责给论文打分。在美国,博士指导委员会的成员也负责对博士论文进行评审。而在中国和英国,导师出于"回避"原则,是不参与博士论文评阅和打分的。

第三,是促进博士生未来的职业发展。一般来说,博士生导师只负责知识的传授,学生的就业和职业发展超过了其最低程度的义务范围。然而,美国、中国的实证调研都表明,博士生其实期望导师能够在自己的职业发展方面提供指导性意见,并提供一定的帮助。尤其是如果博士生选择的是学术职业,博士生导师在其中的作用就更大了。博士生能否与导师和学院(系、所)其他研究人员建立起密切的联系,将对他们日后的学术职业发展状况带来重要的影响。梅丽莎·安德森(Melissa S. Anderson)等人在1989、1990年对2000名博士生和2000名教师的问卷调查和访谈后指出,其他教师可以为博士生所开展的研究提供帮助,但导师会同时关注他们长远的职业发展。①

第四,是建立良好的师生关系。大量研究指出,师生关系不仅是影响博士教育质量的关键因素,对博士生的流失率和修业年限等方面也会产生重要影响。因此,导师和学生都有义务建立起良好的师生关系。当然,要处理好这种关系绝非易事。一方面,由于导师和学生事实上存在的权力和身份差异,可能对彼此之间的沟通和交流带来麻烦,甚至会引发冲突。对学生而言,可能会抱怨导师没有提供足够的指导和开展研究的资源和设备;对导师而言,可能会抱怨学生缺乏独立性、不听从导师的建议、在研究过程中弄虚作假等等。另一方面,基于导师个人的经验和个性特征,在指导过程中可能会采取完全不同的管理方式,但这种管理方式未必是所有学生都喜欢和接受的。由于学生个体之间的差异,即使那些最

---

① ANDERSON M S, OJU E C. Help from Faculty: Findings from the Acadia Institute Graduate Education Study[J]. Science and Engineering Ethics, 2001(7):487-503.

好的导师也不会否认在指导学生时犯过一些错误。[①]

从学生的角度来看,他们对导师的期望可能更为全面,也因此会对导师提出一些其他方面的要求。例如,预先阅读他们的研究成果,在需要的时候能够取得联系,和蔼开放乐于助人,提出建设性的批评意见,在学生的研究领域有很好的研究基础,定期召开会议以方便交换思想,关注学生的研究进展并尽可能提供有关信息,在学生毕业时提供就业方面的帮助,等等。

3.1.2 导师资格及其质量保障

从国外情况来看,一般没有类似于我国"博导"资格和职称挂钩的制度设计,副教授、助理教授在满足一定的条件后,都可以承担指导博士生的工作。同时,对担任博士生导师的条件也没有统一的标准,一般由各高校自主决定,不同国家、不同高校之间存在一定的差异,但拥有博士学位、具有一定的指导经验和熟悉博士生的研究领域往往是普遍比较看重的。从西方的情况来看,导师资格大体可分为英美体制和德法体制两种。

英美体制的特点是仅要求导师具有博士学位,并有一定的指导经验。例如,美国的北科罗拉多大学规定博士生导师必须达到三个要求:具有博士学位;在本校有3年以上的工作经验;在带第一个博士生时必须与别人合作,直到第一个学生毕业。[②] 英国伦敦大学学院对博士生导师(principle supervisor)的要求是:必须过了现任职的试用期;在学生所提交的计划的领域拥有学术专长;在带第一个博士生时必须与别人合作,直到第一个学生毕业才可以单独招生。而对副导师的资质要求则更为简单,只有两个要求:在学生

[①] ADRIAN E. Research Supervisor Training: an Irrelevant Concept or the Key to Success [J]? Microbiology Today,2001(28):58-59.

[②] 刘献君.发达国家博士生教育中的创新人才培养[M].武汉:华中科技大学出版社,2010(3):79.

所提交的计划的领域拥有学术专长;熟悉博士研究的标准。① 澳大利亚莫纳什大学(Monash University)等高校的导师类型有主导师(main supervisor)、副导师和校外导师,主导师必须获得认证(Accreditation),副导师和校外导师则不需要。申请主导师资格必须具备以下条件:完成导师培训计划;以副导师身份完整地指导过一届学生;先前具有指导博士生的经验,特殊情况须由学院院长向校方提出请求。②

德法体制的特点是除博士学位外,还要求导师通过资格论文(Habilitation)考试。例如,德国博士学位获得者只要通过教师资格考试(Habilitation)获得执教资格证明(venia legendi),便可以讲师(private dozent)的身份在大学中独立进行科研、教学以及指导博士论文,因而这一执教资格证明也被称为"高级博士"。但一般而言,由于讲师在资金支持、学术资源方面往往受到限制,因而实际上只有教授才能指导博士研究生。法国的体制和德国比较相似,博士毕业生可以在获得博士学位五年后申请资格论文(L'habilitation à diriger des recherches),资格论文由三位专家评议,通过后即可指导博士生。

尽管导师指导对保障博士生教育的质量至关重要,但博士生及其导师所处理的知识是最专门化的,管理者很难介入。也正因为如此,博士生教育中的学术指导形式也是充满了个性化,很难强求一律。最近十多年来,随着博士生教育规模的扩张,学术指导也逐渐成为问责的对象,世界各国纷纷制定一些措施来保障指导的质量,具体做法主要有如下几个方面。

(一) 制定标准。英国高等教育质量保障委员会(The Quality

---

① University College London. Academic Regulations and Guidelines for Research Degree Students. 2009—2010 Academic Session[OL]. http://www.ucl.ac.uk/srs/academic-manual/overview

② Monash Research Graduate School. Handbook for Doctoral and Master of Philosophy Degrees[OL]. http://www.mrgs.monash.edu.au/research/doctoral/index.html

Assurance Agency for Higher Education,QAA)分别在1999年和2004年颁布了两版"高等教育学术水平和标准施行规则"。其中单列一章对博士生项目的导师指导施行规则进行了明确、详细的规定。这部分规定主要包括四个方面的内容：为每名博士生指派一名拥有合适的技术或学科知识的导师对学生进行有效的支持、鼓励和监督；每名研究生至少有一位主管导师,这名导师通常是导师组的一员；保证所有导师和学生都能够通过书面的指南了解到导师的全部职责；保证导师对学生提供指导的质量不会受到超额工作量和一系列的其他职责的影响。[①] 同时,为保障学术指导的质量,西方很多大学都规定了每个导师同时指导的学生数的上限。例如莫纳什大学规定一个导师同时指导的研究生数不能超过8名。[②]

（二）**培训制度**。一个好的学者未必是一个好的导师,为提高博士学术指导的质量,英国、瑞典、丹麦、芬兰等国家都引入了导师培训制度。欧洲许多质量保障部门在对高等教育机构每五年一次的评估中,普遍对博士导师培训的开展情况给予了特别关注。在英国,对博士生导师提供的培训是政府对大学资助的重要考察指标。[③] 在很多大学,参加导师培训成为初级学者入职的一个前提条件。大学也会组织一些研讨会,吸引一些资深导师参加,共同探讨提高学术指导质量的经验和措施。同时,相关的专业协会也介入其中,如英国生物工程和生物科学理事会启动了全国性的指导教师培训和认证（Training and Accreditation Programme for Postgraduate Supervisors,TAPPS）项目,为指导教师提供招生、考试评

[①] The Quality Agency for Higher Education. Code of Practice for the Assurance of Academic Quality and Standards in Higher Education[OL]. http://www.qaa.ac.uk/academicinfrastructure/codeofpractice/section1/postgrad2004.pdf

[②] Monash Research Graduate School. Handbook for Doctoral and Master of Philosophy Degrees[OL]. http://www.mrgs.monash.edu.au/research/doctoral/index.html

[③] European University Association. Doctoral Programmes for the European Knowledge Society[R]. Brussels,Belgium,2005:20-23.

价以及指导技巧等方面的培训。

（三）契约制度。欧洲各国为了保障指导质量，采用了签署合同或者设置导师管理委员会的方式，以促进指导实践的结构化和透明化。例如，法国很多大学都要求博士生、系主任、博士生院的院长和导师之间签署一份书面的论文合同，将各方的关系正式化。① 德国的一些大学（如法兰克福大学）也要求博士生、博士生导师和大学签订三方协议，明确各方在博士教育过程中的权利和义务。② 2006 年，芬兰赫尔辛基大学要求签订的协议规定：各院系的博士学位设计和导师提供的指导必须确保全日制学生在 4 年内完成学业。最近，奥地利的维也纳大学加强了对博士生的管理，同时强化了博士生与导师之间的契约关系。根据最新的规定，博士生必须在入学 12 个月内提交研究计划并进行陈述。在成功地陈述研究计划后，学生必须与导师、大学签订一份指导契约（supervision contract）。在契约中，各方就实际的工作计划达成一致，并同意提交年度报告，以汇报进展。挪威的卑尔根大学要求博士生和导师签订协议，明确双方的权利和义务。根据卑尔根大学为学生和导师双方签订的协议，学生必须每个月与主导师联系一次（可以是见面或者电子邮件联系）。导师有责任对学生的书面作业进行反馈，使学生了解本领域的专业文献和基础义献。学生和导师必须向学校提交年度进展报告。

3.1.3 导师指导方式

总体来看，世界各国普遍采用的博士生指导模式主要有指导委员会制、双导师制和单一导师制三种类型。其中，采用单一导师制的国家已经着手进行改革。

（一）指导委员会制，以美国、加拿大为代表。在美国，学生通

---

① 中国博士质量分析课题组.中国博士质量报告[M].北京：北京大学出版社，2010：82.
② European University Association. Doctoral Programmes for the European Knowledge Society[R]. Brussels, Belgium, 2005：20-23.

过了资格考试后,接下来就由教授组成的论文指导委员会(Supervisory committee,Supervisory team 或 Ph.D. committee)来管理。指导委员会一般由5～7人组成,一般来说,至少有一位必须来自相邻学科,指导委员会的主席即博士生的主导师。指导委员会的主要职责包括:每年必须至少开一次会,监督学生的学习进展;主持博士生的综合考试和论文开题;主持博士生的论文评审和论文答辩,论文评审一般由指导委员会中的三位教师负责。加拿大的博士生教育制度和美国非常类似,在博士生教育阶段也普遍实行论文指导委员会制度。荷兰的很多大学也采取论文指导委员会制度,委员会包括一名主导师(promoter)、一名副导师,以及其他相关人员,但只有正教授才具备担任主导师的资格。博士教育是大学中最变化多端的一种活动,不仅大学与大学之间、学科与学科之间变化很大,而且在不同的教授与教授之间也有很大的不同。[①] 因此,博士生指导的集体责任制让博士生能得到具有不同学科背景和研究专长的教师的指导,有利于拓展学生的学术视野,加强学生的创新意识。

(二) 双导师制与联合导师制,以英国、澳大利亚为代表。不少英国大学(如伦敦大学学院、艾克斯特大学、布里斯托大学,等等)都实行双导师制,主导师称为 first supervisor 或 principle supervisor,副导师称为 second supervisor、subsidiary supervisor 或 mentor。主导师全权负责对博士生的指导,而副导师则辅助主导师对博士生进行具体的指导,包括提供选课意见、对博士论文进行修改和润饰,等等。英国经济与社会研究委员会(ESRC)2009年发布的《博士生训练与发展准则》鼓励双导师制或导师小组制,尤其是从事跨学科研究的博士生,导师可以是跨系或跨部门的联合,而新导师或经验不丰富的导师也应该有一个经验丰富的联合导师。[②] 值

[①] 〔美〕罗德斯.创造未来:美国大学的作用[M].王晓阳,等译.北京:清华大学出版社,2007:149.
[②] 林杰.英美国家研究生导师资格认定制度管窥[J].学位与研究生教育,2007(9):74-77.

得注意的是,有些英国大学也实行导师小组制,即学生拥有三位或三位以上的指导教师。

作为英国的前殖民地,澳大利亚高等教育制度深受英国的影响,在博士生培养中也以双导师制为主。澳大利亚学者希斯(Heath. T)对昆士兰大学 355 位博士候选人的调查研究发现,三分之二的博士生拥有一位或一位以上的副导师。① 纽卡斯特大学的伯克(Bourke)对 8 所澳大利亚大学的 804 位博士的博士学位论文评阅意见进行了分析。结果发现,21% 的博士生只有一个导师,4% 的博士生有 4 个导师,而拥有两个导师的博士比例高达 49%。这表明,澳大利亚大学主要实行双导师制度。② 此外,西班牙、土耳其等欧洲国家也实行双导师制。西班牙格拉纳达大学(University of Granada)在博士生通过综合考试之前为其安排一名辅导员,负责对其进行选课等方面的指导,通过综合考试后再为其安排一名专门进行博士论文指导的导师,这样,博士生在学习阶段事实上有两位导师。③ 类似情况还有土耳其的哈西德佩大学(Hacettepe University)等。

和美国的指导委员会制度不同的是,英国的导师和副导师均不能参加论文评审,论文评审主要由校内和校外的两位评审专家来负责。澳大利亚的导师同样也不参加论文评审。

(三) 单一导师制,以德国、日本、中国、印度为代表。德国在传统上以严格实行单一导师制著称。导师在博士生培养中发挥着至关重要的角色,也是博士论文的第一评议人,以至于常被称为"博士父亲"(Doktorvater)或"博士母亲"(Doktormutter)。这种单一导师制的存在,与德国大学相对"松散"的管理模式密不可分。一方

---

① HEATH T. A Quantitative Analysis of PhD Students' Views of Supervision[J]. Higher Education Research and development. 2002, 21(1):41-53.
② BOURKE S. Ph. D. Thesis Quality: the View of Examiners[J]. South African Journal of Higher Education, 2007, 21 (8):1042-1053.
③ European University Association. Doctoral Programmes for the European Knowledge Society[R]. Brussels, Belgium, 2005:20-23.

面,德国大学传统上并不存在如美国和我国大学中设立的研究生院,学校很少直接介入博士生管理的具体环节;另一方面,德国大学也没有类似我国"博士点"的概念,所有德国大学都被视为研究型大学,所有大学教授都有权招收博士生。[①] 但是,师徒制最大的问题是,一个老师就算再有能耐,个人的知识和视野毕竟有限。近年来,德国的一些大学也逐渐开始引入导师小组制(team supervision)或多导师制(multiple supervision)。

日本的单一导师制同样面临着改革的要求,随着博士教育规模的不断扩大,完全依靠教师个人的努力和自律性,显然越来越难以保证博士生的培养质量。因此,采用团队方式指导博士生的大学也越来越多。例如,筑波大学图书馆-信息-媒体研究生院规定,指导小组由3名教师组成,其中有1名必须来自其他学科。为了避免指导流于形式,该研究生院规定,除了参加导师的实验外,还必须参加其他两位副导师的实验活动。此外,为了加强博士生和其他教师的交流,许多大学设置了"接待时间"(office hour)制度。每位导师向学生公开自己的特定办公时间,在此特定时间内,学生拜访老师无需预约。[②]

3.2 流失率和淘汰制度[③]

淘汰制度是西方国家尤其是美国博士教育的典型特色,近年来被国内学者屡屡提及,认为这是确保我国博士教育质量的灵丹妙药。但是,淘汰率(keep out 或 weed out)与流失率(attrition)是

[①] BARBARA K. Current Trends in Doctoral Education in Germany[R]. Workshop 4 "International Experiences of Training Programmes" at the International Forum on Research and the University, 2009:4.

[②] 叶林. 日本博士生教育的现状及启示[J]. 清华大学教育研究,2009(10):96-100.

[③] 本节主体内容原载于《研究生教育研究》,参见:沈文钦,赵世奎,蔺亚琼. 美国博士生流失率和淘汰制度分析[J]. 研究生教育研究,2011(3):82-89。

两个不同的概念。对统计中流失的博士生而言,并不一定意味着就是被淘汰。第一,有部分学生在注册的第一年也就是在资格考试之前就离开了,其中一部分学生由于兴趣等原因放弃了读博的想法,还有一部分学生觉得现在的博士点或导师与自己不匹配,转学到了其他高校;① 第二,有一些学生本身就没有想获得博士学位,他们注册博士的目的只是为了更容易获得经济上的资助;第三,在不同的学习阶段,一些学生会转而攻读其他学科、学校的博士学位,尽管他们被统计在流失率中,但他们很可能在其他学科、学校会获得博士学位。例如,内瑞德(Nerad M.)和米勒(D. S. Mille)对伯克利加州大学的研究发现,尽管学生在获得博士候选人资格(即前1～3年)之前流失率高达25%,但这些"流失"学生中大约72%(占入学学生总数的18%)获得了硕士学位,而在获得博士候选人资格之后(即第4～11年)流失的学生仅占学生总数的10%。此外,还有5%的学生继续在读,以及部分流失的学生可能已经转而攻读其他学科、学校的博士学位。再如,克里斯塔·海恩思(Krista N. Haynes)对佐治亚大学154名没有完成博士学业的博士生进行了跟踪研究,最终获得46人的有效信息。在回答"未完成学业的原因"时,11人(23.9%)选择"职业目标的改变",另有11人(23.9%)选择"转学",而选择"劝退或辞退"的仅有8人(17.4%)。② 同时,一项在圣迭戈加州大学的研究指出,如果排除那些转换学科、学校、学院并获得硕士、博士学位的学生,流失率大概可以降低8～10个百分点。③ 国内一些专家提到美国的淘汰率在20%～30%,甚至40%,其实是流失率,而非淘汰率,真正在各考核环节被淘汰的学生比例并没有这么高。

---

① GOLDE C M. Beginning Graduate School: Explaining First Year Doctoral Attrition[J]. New Directions for Higher Education,1998(101):55-64.

② HAYNES K N. Reasons for Doctoral Attrition[EB/OL]. http://www.uga.edu/gradschool/cgs/pdf/publications/Haynes.pdf

③ NERAD M, MILLER D S. Increasing Student Retention in Graduate and Professional Programs[J]. New Directions for Institutional Research,1996(92):61-76.

同时,高流失率也给美国等西方国家带来了困扰,许多专家认为这不仅给(美国)联邦政府、州政府、学校、院系,以及学生个人和家庭造成了经济上的损失,浪费了教师的时间和心血,也令这些学生感到沮丧。[①] 更有专家将博士教育的高流失率问题称为"高等教育的潜在危机"[②]和"当前美国博士教育的核心问题"[③]。

3.2.1 流失率及其群体差异

在研究博士生流失问题时,美国学者主要采用了三个衡量指标,分别是流失率(attrition rate)、完成率(completion rate)和持续率(continuing rate)。由于美国高校一般不硬性规定博士生必须在一定的年限内毕业,因此在计算流失率、完成率和持续率时一般统计的是某一个时间段(最常采用的是 7 年或 10 年)内的数据。因此所谓流失率,就是博士生在一定年限内(例如 10 年)没有拿到博士学位就离开博士点的比例,相应地,完成率是博士生在一定年限内获得博士学位的比例,持续率就是博士生在一定年限内没有拿到博士学位但仍然在读的比例。在研究博士生流失问题时,这三个概念是联系在一起的,但由于技术上的原因,有些研究仅收集了完成率的数据,或仅收集了流失率的数据。此外,对持续率的统计相对较少。所以在以下的分析当中,我们有时仅采用完成率或流失率的数据。

在美国,虽然博士教育的高流失率问题特别在 20 世纪 70 年代以来已经引起了大批学者的关注,但由于统计流失率具有相当的难度,进行跨校数据的收集尤为困难,早期的研究主要集中在对某一高校的案例研究。并且,贝尔和霍沃思(Bair & Haworth)对

---

① GOLDE C M. The Role of the Department and Discipline in Doctoral Student Attrition: Lessons from Four Departments[J]. The Journal of Higher Education,2005,76(6):669-700.
② LOVITTE B E, NELSON C. The Hidden Crisis in Graduate Education: Attrition from Ph. D. Programs[J]. Academe, 2000 86(6):44-50.
③ SMALLWOOD S. Doctor Dropout: High Attrition from PhD Programs is Sucking Away Time, Talent and Money and Breaking Some Hearts too[J]. Chronicle of Higher Education, 2004, 50(19):A10.

1970年到1988年间有关博士生流失问题的118篇研究论文进行综合分析后发现,大约有2/3是针对研究型Ⅰ类大学的研究。内瑞德加州(Nerad M.)和米勒(D. S. Mille)对伯克利加州大学1981—1983年注册入学博士生的统计结果表明,在经过11年之后,仅有60%的学生获得了博士学位。从不同学科来看,生物和物理科学博士生的完成率最高,达到了73%,其次分别是工程(66%)、社会科学(53%)、专业学院(48%)和人文学科(44%)。①

除了上述针对个别高校和个别学科流失率问题的研究之外,还有一些大型的研究试图对全美国的博士生流失问题进行系统分析,以获得对博士生流失问题的通盘性认识。在这些尝试当中,首先要提及的是20世纪80年代末时任梅隆基金会主席的威廉·鲍文(William G. Bowen)和基金会执行副主席的陆登廷(Neil L. Rudenstine)对美国10所研究型大学博士生流失率和修业年限问题的研究。他们对美国10所研究型大学36000个学生样本的研究发现,1972—1976年入学的博士生的总体完成率为56.6%;1967—1976年入学的博士生中,自然科学、经济和政治科学、人文学科的完成率分别为65%、55%和50%。②

2004年,美国研究生院理事会启动了"博士生完成率项目",该研究项目对1992/1993至1994/1995年间在美国29所大学注册的12135名博士生的学业完成状况进行了统计,其中具有国别信息的博士生有9359名(其中本国学生6926名,留学生2433名)。该项目从完成率、流失率、持续率三个方面反映了美国博士生的流失状况。如图3-1、3-2所示,首先,从完成率来看,美国国内学生在10年后所有学科的完成率均低于60%,国际学生的完成率相对较高,但其最高的工程学科也仅有70%。③ 其次,从流失率来看,这些博

---

① NERAD M, MILLER D S. Increasing Student Retention in Graduate and Professional Programs[J]. New Directions for Institutional Research, 1996(92):61-76.
② BOWEN W G, RUDENSTINE N L. In Pursuit of the PhD[M]. Princeton: Princeton University Press, 1992:112.
③ NAKATSU C, PLATER T, SCHIRMEISTER P, SOWELL R. Ph. D. Completion Project. CGS Summer Workshop, 2008.

士生流失主要集中在注册入学后的前三年,流失率分别达到了6％、14％和20％,10年累计流失率为31％。

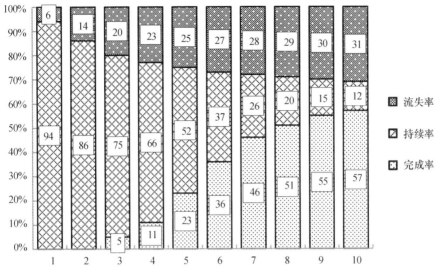

图3-1 美国博士生10年流失率、持续率和完成率统计

数据来源:NAKATSU C,PLATER T,SCHIRMEISTER P,et al. Ph. D. Completion Project[R]. CGS Summer Workshop,2008。

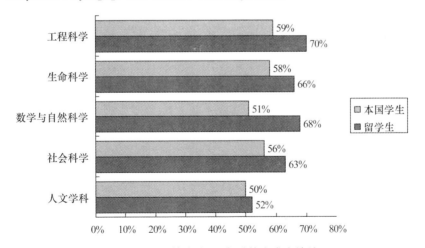

图3-2 美国博士生10年后的完成率统计

数据来源:NAKATSU C,PLATER T,SCHIRMEISTER P,et al. Ph. D. Completion Project[R]. CGS Summer Workshop,2008。

3.2.2 流失的影响因素

内瑞德(Nerad)指出,研究生教育远非仅受到单一因素的影响,至少存在如下五个相关的因素:学生(项目)规模、师资水平、招生录取制度和模式、经济资助、课程设置和学位标准。①

对博士生流失的原因进行解释,并不是一件很容易的事情。要找出流失的原因,必须对流失的博士生进行调查,但这是一件相当困难的工作。在美国,流失的博士生一般被称为"non-completer",这些学生并不总是很容易接受自己未能完成学业的事实。2009年,佛罗里达州立大学试图联系26位中途流失的学生,希望通过对这些学生的调查找到导致流失的因素,最终联系上12位,只有2位学生完成了调查,而且所有学生均表示不愿意接受电话访谈。② 下面,笔者将结合已有的研究,从淘汰制度、经济资助、制度和文化等方面对美国博士生的高流失率进行解释。

(1) 淘汰制度:预考、资格考试和年度审核

美国有些博士点在综合考试或资格考试之前还有预考(preliminary examination)环节,预考环节的主要目的是考察博士生是否具有继续攻读博士学位的能力和水平,那些不要求博士生在入学时具有硕士学位的博士点会更多采用这种制度。例如,伯克利电子工程与计算机系78%的博士生在入学时只具有学士学位,该系就同时有预考(preliminary examination)和资格考试(qualifying examination)两个环节。琳达·卡玛斯(Linda Kamas)等人对1981—1991年间在伯克利电子工程与计算机科学系注册、但未获得博士学位便离开的98名人士进行了跟踪研究。研究发现,因为没有通过预考而离开的有24人,而因为没有通过资格考试离开的

---

① NERAD M, JUNE R, MILLER D S. Graduate Education in The United States[M]. New York: Garland Press, Spring 1997:128.
② MARCUS N. Florida State University PhD Completion Project Phase II[R]. CGS Summer Workshop, 2009.

仅有2人,见表3-1。①

表3-1 伯克利电子工程与计算机系博士生退学的原因($N=97$)

原因	主要原因或一个原因	主要原因
没有通过预考	24	11
课程太难或作业太多	18	5
G.P.A.未达到继续攻读博士学位的要求	7	1
没有通过资格考试	2	1

数据来源:KAMAS L,PAXSON C,WANG A,et al. Ph.D. Student Attrition in the EECS Department at the University of California, Berkeley[OL]. http://www-inst.eecs.berkeley.edu/~wicse/index.php/papers/lindareport2.pdf.

  资格考试的一个重要功能是对博士生的学术资质进行考核,以决定其是否具备继续攻读博士学位、撰写博士论文的潜质。美国博士生课程包括相关领域的基本知识、学科前沿的问题研究和方法论,通常要求学生学习12~15门课程,目的在于发展学生的理解能力,发展学生运用适当的原理和方法来认识、理解、评价和解释本专业领域最前沿的知识和有争议问题的能力。博士生一般约需用两年的时间完成修课任务,然后参加一次淘汰性的博士资格考试,通过后方可成为博士候选人,进入撰写论文阶段。② 同时,对于和此前阶段就读专业不同的博士生,按照规定必须补修一些硕士课程。即使那些硕士和博士就读同一专业的学生,如果不同学校开设的课程区别很大,也往往需要补修一些课程。一般来说,如果学生连续两次没有通过资格考试,就会被淘汰。关于美国资格考试的淘汰率,目前并没有权威的统计数据。根据贾宝余的说法,美国综合考试的淘汰率为5%~20%。③ 当然,由于综合考试环节

---

① KAMAS L,PAXSON C,WANG A,BLAU R. Ph.D. Student Attrition in the EECS Department at the University of California, Berkeley[OL]. http://www-inst.eecs.berkeley.edu/~wicse/index.php/papers/lindareport2.pdf
② 陈学飞.传统与创新:法、英、德、美博士生培养模式演变趋势的探讨[J].清华大学教育研究,2000(4):9-20.
③ 贾宝余.资格考试:美国确保博士生质量的关键环节来源[N].科学时报,2007-05-08.

的淘汰率存在显著的学校差异和学科差异,因此具体到学校和学科层次的数据可能更加准确。通过综合考试之后,学生就获得了博士候选人的身份,他们就需要完成博士论文并通过答辩,就可获得博士学位,这些学生在美国通常被戏称为 ABD(All But Dissertation)。不过,即便是 ABD,仍然有部分最终不能获得博士学位。根据鲍文和陆登廷对 10 所美国研究型大学 1967—1971 年级和 1972—1976 年级两个博士生群体的研究,数学和物理学学科通过综合考试的博士生中有 90% 最终获得博士学位,而英语、历史和政治科学的相应比例只有 79%。①

此外,年度审核也是博士生淘汰的重要环节。根据笔者对美国纽约州立大学某华裔教授的访谈,该系在录取博士生后,会对该生进行年度评估,以决定该生是否进一步攻读博士学位,还是仅攻读硕士学位。②

事实证明,总的来说,美国的淘汰制度在维持学术质量标准方面发挥了重要的作用。玛丽莎·安德森(Melissa S. Anderson)在 1989 年对美国若干所研究型大学中 4 个学科的 2000 名博士生发放了调查问卷,48% 的博士生认为,"对学生的评估起到了淘汰(weed out)不合格学生的作用"。③ 美国高校之所以能够在预考、资格考试等环节严格实行淘汰制度,与它们对学术声誉(academic prestige)的竞争关系甚大。对学术声誉的竞争迫使学校和院系严格把握质量标准,并通过综合考试等手段对不合格的博士生进行淘汰。博士培养质量是决定大学学术声誉和学术地位的重要指标,导师以及学校都希望培养出高质量的博士生,以便维持或提升学校的学术声誉。美国高等教育系统是一个高度分化和高度竞争

---

① National Research Council. The Path to the Ph. D.:Measuring Graduate Attrition in the Sciences and the Humanities[M]. Washington,D. C.:National Academy Press,1996:23.
② 笔者对美国纽约州立大学某华裔教授(工科)的书面访谈,2010 年 8 月 10 日。
③ ANDERSON M S, SWAZEY J P. Reflections on the Graduate Student Experience:An Overview[J]. New Directions for Higher Education,1998(101):3-13.

的体系,顶尖高校的竞争主要表现为学术声誉的竞争,学术声誉对于学校的招生、资金募集、项目申请和经费获得等方面都至关重要,而声誉"依赖于国内和国际上承认的多产的学术人才;吸引和保留这样的人才的能力依赖于提供他们所希望的工作条件;有利的条件和人才导致多产的研究并使得这类高校成为吸引有才能的学生来此接受研究生教育的地方"。[①] 在这套学术声誉竞争系统中,"高校—大学教师—研究生"一定程度上形成互惠互利的链条,紧密结合在一起。因此,学术声誉的竞争构成博士生教育质量保证的一大制度环境,对博士生的招生、资助经费、课程设置和学位标准都有很大影响,同样也是美国高校严格贯彻博士生淘汰制度的重要动因。

(2) 经济资助

首先,经济资助是博士生完成学业的物质保障,获得经济资助机会的不同是造成不同学科博士生流失率差异的重要因素。芭芭拉·洛维茨(Barbara E. Lovitts)对美国两所大学1982—1984年间入学的816名研究生进行的调查研究(其中511人完成学业,305人未能完成学业)发现,完成学业者获得助研(RA)的比例是未完成学业者(non-completer)的三倍(分别为64%与21%)。完成学业者获得助教(TA)的比例是未完成学业者的差不多两倍(分别为85%和45%)。同时,未完成学业者没有获得任何资助的比例高达25%,是完成学业者的6倍(4%)。[②] 美国学者舒奇塔·古鲁拉杰(Gururaj, S.)等人在前人研究的基础上,通过回归分析表明,研究生获得的资助总额(以1000美元为单位)、奖学金、助教助研津贴、助学贷款和学费均与保持率(retention)显著相关($p \leqslant 0.05$),其相关系数分别为0.084、0.186、0.093、0.076和0.030。也就是说,研究生获得的资助总额、奖学金、助教助研津贴、助学贷款和学费每

---

① 程萱.美国学位制度研究[D].武汉:武汉理工大学文法学院,2008:33.
② Midwestern Association of Graduate Schools. Proceedings of the 58th Annual Meeting: Avoiding Attrition[R]. Chicago, Illinois, 2002:8-9.

增加1000美元,保持率将分别可以提高8.4、18.6、9.3、7.6和3个百分点。① 艾伦伯格(Ronald G. Ehrenberg)和马罗斯(Panagiotis G. Mavros)在1992年对一所研究Ⅰ型大学1962—1986年间经济、英语、物理、数学四个专业博士生数据的分析显示:资助模式对博士生的修业年限和完成率均有重要影响,并且对完成率的影响更为显著。其中,获得奖学金和助研金的博士生,其完成率更高、修业年限更低。② 另外一些研究也得出了同样的结论。③ 艾伦伯格和马罗斯对康奈尔大学1962—1986年经济、英语、物理(physics)和数学4个学科的博士样本进行了研究。研究的自变量包括:资助、学生自身能力(GRE成绩)、学术劳动力市场;因变量包括完成率和修业年限。特别地,该项研究是建立在比鲍文和陆登庭更为详细的数据资料基础之上。研究表明:在不考虑其他变量(如学生自身的能力)的情况下,获得奖学金(fellowship)和助研资助的博士生,其完成率更高、修业年限更短。并且,更重要的发现在于,经济资助对完成率的影响明显大于对修业年限的影响。④

其次,自然科学通常比人文学科、社会科学得到更多的资助。自然科学的博士生获得全额资助以完成专门研究的比例更高,其生活津贴和奖学金的数额通常也较大。人文学科、社会科学学科所能获得的外部资助比较少,相应地,其博士生获得全额资助的也

---

① GURURAJ S, HEILING J V, SOMERS P. Graduate Student Persistence: A Meta-analysis of Evidence from Three Decades[J]. Journal of Student Financial Aid, 2010, 40(1): 31-46.

② EHRENBERG R G, MAVROS P G. Do Doctoral Students' Financial Support Patterns Affect Their Time-to-Degree and Completion Probabilities[J]. Journal of Human Resources, 1995, 30(3):581-609.

③ JOHN EPS, ANDRIEU S C. The Influence of Price Subsidies on Within-Year Persistence by Graduate Education[J]. Higher Education, 1995, 29(29):143-168; VALERO YFD. Departmental Factors Affecting Time-to-Degree and Completion Rates of Doctoral Students at One Land-Grant Research Institution[J]. Journal of Higher Education, 2001, 72(3):341-367.

④ NERAD M, JUNE R, MILLER D S. Graduate Education in The United States[M]. New York: Garland Press, Spring 1997:99.

较少,往往通过担任助教或者本科生课程的讲师来获得资助。① 美国国家科学基金会出版的博士学位获得者年度报告(Survey of Earned Doctorates,SED)显示,2008年,工程类博士生以担任助研作为主要经济来源渠道的比例达到了60%以上,而人文学科、教育类博士生该比例仅分别为10%和2%;自然科学和工程类博士生主要依靠个人承担经济费用的比例下降到不足5%,而教育和人文学科博士生该比例依然分别高达60%和23%。②

第三,在人文学科领域,助教(TA)是博士生获取资助的一个重要途径,有学者指出,助教制度与人文学科博士生的高流失率有密切的关系。在芭芭拉·洛维茨的访谈中,一位教授提到:"降低流失率的一种途径是减少招生数……我们可以只录取前50%的学生,这样我们可能找到更多对这个领域感兴趣的学生,流失率也会更小。我们可以这样做,但我们没有,因为我们需要助教。"③部分学科的导师依赖助教开展一些基础性和导入性课程,从而自己集中精力于更高级的专门性课程,这是他们的兴趣,也能促进其自身的学术进步。④ 由于最优秀的学生获取全额奖学金,水平相对低的学生获得助教或没有资助,而他们也是最可能流失和惨遭淘汰的学生群体。承担助教工作的学生往往不是"最好的学生",院系甚至希望这些"相对低质量"的学生完成助教工作之后离开校园。⑤

---

① 〔美〕阿特巴赫.美国博士教育的现状与问题[J].教育研究,2004(6):34-41.
② National Science Foundation. Doctorate Recipients from U. S. Universities[R]. Summary Report 1999:56; National Science Foundation. Doctorate Recipients from U. S. Universities[R]. Summary Report 2007—2008:49-50.
③ LOVITTS B E. Leaving the Ivory Tower: the Causes and Consequences of Departure from Doctoral Study[M]. Rowman & Littlefield Publishers, 2001:9.
④ BRENEMAN D W, JAMISON D T, RADER R. The Ph. D. Production Process[M]. Education as an Industry, NBER, 1976:1-52.
⑤ LOVITTS B E. Leaving the Ivory Tower: the Causes and Consequences of Departure from Doctoral Study[M]. Rowman & Littlefield Publishers, 2001:9.

（3）研究范式

不同领域生产知识的社会组织形式差别很大，例如，从论文选题的角度来看，物理和生命科学学科博士生的研究往往是在实验室中由团队共同完成，论文的选题更可能是直接来自于导师的研究项目，他们更容易得到导师的直接指导和对研究进展的监督。人文社会科学学科博士生的论文选题往往相对独立，并且需要建立在大量的田野调查的基础上，在这种情况下，一般很难确保阶段性研究目标的按期实现。[①]

一项对20世纪60年代伯克利加州大学的研究从成本和收益的角度解释了为何不同学科在不同阶段大量淘汰学生。以化学和法语系为例，二者学生培养的成本不同，对于实验室知识生产模式的化学学科而言，导师同研究生之间形成利益共同体，导师负责申请课题与经费，负责实验设计，具体的实验由学生完成，研究成果由导师和学生联合署名。导师为学生提供实验器材与场所，提供助研岗位与报酬，学生从中完成博士论文。对于化学系的教授而言，一个素质不过关的学生就会浪费他们宝贵的实验室资源和经费，因此学生淘汰发生得较早，集中在第一年或第二年，正是博士生培养的课程阶段。与此相对，法语系的研究生主要做助教而非助研，他们为本科生的语言学课程提供大量助教，从而可以减轻学系为学生提供奖学金的压力。法语系的研究多为个体研究，不需要导师为学生提供昂贵的实验室，而研究所需的图书馆资料也不需要导师和院系来承担。[②] 语言学科作为一门软学科，没有固定的边界与范式，难以达成共识，因此其课程层次和结构也不易有条理，进而难以通过课程分数淘汰学生，在学科知识特点和培养成本无须导师和院系承担的情况下，法语系往往到第三、第四年才淘汰

---

① BAIR C R, HAWORTH J G. Doctoral Student Attrition and Persistence: A Meta-Synthesis of Research[M]. Higher Education: Handbook of Theory and Research, 2004:481-534.
② BRENEMAN D W, JAMISON D T, RADER R. The Ph. D. Production Process[M]. Education as an Industry, NBER, 1976:1-52.

学生。

(4) 学制与招生模式

美国博士生的高流失率与其学制设计和招生模式不无关系。在美国,学生攻读博士学位有三种模式和路径,分别为美国模式(American Model)、德国模式(German Model)和硕士后模式(M. A. First)模式。在美国模式中,后本科学位教育的一年级学生就已经被视为博士点(Ph. D. Program)的一员;在德国模式中,一个人获得博士候选人身份后,才会被视为博士生;在硕士后模式中,学生只有在获得硕士学位之后才能在博士点注册,这个模式在工程学、教育学等专门领域较为普遍。① 如上所述,在"美国模式"中,博士点并不要求注册攻读博士学位的学生具有硕士学位。因此,有些本科毕业生直接选择注册为博士生,此后又因为各种原因(如不愿继续攻读博士学位、学术兴趣转移,等等)转读硕士学位,在计算博士生的流失率(attrition)或辍学率时,他们是计算在内的。这自然就导致了较高的流失率。

(5) 师生关系与院系文化

多数研究者认为,良好的师生关系(包括与导师和其他教员的关系)对博士生顺利完成学业有非常重要的影响,尽管这可能不是最重要(决定性)的因素。如果学生对导师不满意,甚至彼此之间存在冲突,学生就很难从导师那里得到及时而准确的建议。良好的师生关系主要表现在能够彼此交流学习中遇到的问题并提出高质量的建议、熟悉一名以上其他的教员并经常保持联系、彼此满意和信任、积极维护教师群体的声誉等方面。

对博士生有重大影响的招生、资助、课程要求、授予学位条件等相关政策一般都是由院系层面制定,而这些政策的制定又必然会受到院系组织结构和文化的影响。因此,学生参与院系相关的

---

① National Research Council. The Path to the Ph. D.：Measuring Graduate Attrition in the Sciences and the Humanities[M]. Washington, D. C.：National Academy Press,1996:7.

学术活动、社会活动、其他正式非正式会议的积极性和机会,以及学生对博士学习计划的满意度也是院系文化的重要内容,同样会对博士生能否顺利完成学业带来重要影响。

(6) 个体因素

戈尔德和克里斯(Golde & Chris M.)选取某中西部大学的地质、生物、历史和英语四个院系进行了比较研究,以便可以控制学校因素的影响,而准确描绘出不同院系之间的异同。他们发现流失的博士生主要存在以下问题:① 学生对博士生教育的期望与学院的规范和要求存在冲突,一些学生自己并不具备成为一个成功的研究者或学者的能力和素质,感到博士学习并不是他们真正想做的事情;② 没有对从本科到研究生学习方式和内容的转变做好充分准备,没有形成批判意识和独立思考的能力,因而很难适应博士学习的节奏;③ 研究计划的制定、研究经费的申请和论文的出版等方面都与导师有密切关系,一些学生和导师之间缺乏信任、互动,因而很难从导师那里得到这些支持;④ 很多学生进入研究生学习阶段才认识到,教师等学术职业并不是他们想象中的样子,因而不再是他们梦寐以求的职业;⑤ 大部分人攻读博士学位的目的在于从事学术职业,但他们发现就业前景并不容乐观,很多已经毕业的博士要经过一次或者多次博士后阶段的等待后,才可能获得一个稳定的学术岗位;⑥ 由于难以和同学建立良好的关系而感到孤独和焦虑。①

海恩斯(Krista N. Haynes)对佐治亚大学154名没有完成博士学业的博士生进行了跟踪研究,最终获得了46人的有效信息。在回答"未完成学业的原因"时,11人(23.9%)选择"职业目标的改变",另有11人(23.9%)选择"转学",8人(17.4%)选择"健康原因",8人(17.4%)选择"家庭需要",6人(13.1%)选择"劝退或辞

---

① GOLDE C M. The Role of the Department and Discipline in Doctoral Student Attrition: Lessons from Four Departments[J]. The Journal of Higher Education,2005,76(6):669-700.

退",2人(4.3%)选择"财政问题"。①由此可见,职业目标转变、健康原因、家庭需要等个体因素都是博士生流失的重要原因,淘汰制度仅仅是其中一个原因。

3.3 修业年限②

博士修业年限通常被看作反映大学内部效率的重要指标。近年来,博士教育过长的修业年限已经不仅仅是博士生本人和计划攻读博士学位者关注的重要问题,也逐渐引起了各博士培养单位教师和管理者以及那些为博士教育提供资助的公立和私立组织的关注,越来越多的研究生教育领域的资深学者把过长的修业年限视为博士教育面临的最大挑战之一。有人指出:不管对博士生还是对高校,博士教育修业年限的延长都是得不偿失的。由于学生延长了在校时间,大学自然就需要增加支出,学生自己也需要承担更多的费用,这无疑也降低了学生完成学业的积极性,导致中途弃学的比例提高。③

3.3.1 修业年限及其群体差异

美国典型的博士计划由旨在加大知识深度和宽度的两部分组成,需要4年或更多的时间来完成。第一阶段是2年的课程学习;第二阶段是以创造性研究为基础的学位论文阶段,需要2～3年或更多的时间来完成,④但博士生延期毕业一直是非常普遍的现象。

---

① HAYNES K N. Reasons for Doctoral Attrition[R]. The University of Georgia, the Graduate School Technical Report,2008.
② 本节主体内容原载于《教育学术月刊》,参见:赵世奎,沈文钦,张帅.博士修业年限及其影响因素分析[J].教育学术月刊,2010(4):34-37.
③ [美]阿特巴赫.美国博士教育的现状与问题[J].教育研究,2004(6):34-41.
④ 科学、工程与公共政策委员会,等.重塑科学家与工程师的研究生教育[M].徐远超,刘惠琴,等译.北京:科学技术文献出版社,1999:74-79.

从现有研究来看,对博士修业年限的界定主要有以下三种方法:从获得学士学位算起到获得博士学位的总时间,简称 TTD(Total Time to Degree);从正式开始研究生学习算起到获得博士学位的总时间,简称 ETD(Elapsed Time to Degree)。在美国,有些学校要求博士学位获得者必须事先获得硕士学位,有些则不要求,在前一种情况中,ETD 包含了获得硕士学位所花费的时间;①从正式开始研究生学习到获得博士学位的实际学习时间,即不包括其中离开学校的时间,简称 RTD(Registered Time to Degree)。在美国,很多学生博士学习期间会选择离开学校一段时间后再重新回到学校完成学业,ETD 的统计结果往往明显高于 RTD。一般来说,ETD 的统计方法最为常用。②

以鲍文和陆登庭的研究为例,如表 3-2 所示,TTD 和 RTD 之间大概有 2～3 年的差距。同时,无论从 TTD 还是 RTD 维度衡量,20 世纪 60 年代获得博士学位的修业年限都相对较短。特别在 1967 年,TTD 仅为 7.2 年,RTD 仅为 5.2 年,两者的差值也仅为 1.9 年,都是历史上的最低点。

表 3-2 博士学位获得者修业年限统计　　　　单位:年

	中位数				均值		
	TTD	RTD	TTD/RTD	RTD/TTD	TTD	ETD	RTD
1960	8.6	5.2	3.4	60.5%			
1964	8.2	5.4	2.8	65.9%			
1967	7.2	5.2	1.9	73.0%	8.19	7.34	5.63
1968	8.1	5.3	2.8	65.4%			
1972	8.2	5.8	2.4	70.7%			
1976	8.6	6.0	2.6	69.8%			

---

① VALERO YFD. Departmental Factors Affecting Time-to-Degree and Completion Rates of Doctoral Students at One Land-Grant Research Institution[J]. Journal of Higher Education, 2001, 72(3):341-367.

② California Postsecondary Education Commission. Shortening Time to the Doctoral Degree: A Report to the Legislature and the University of California in Response to Senate Concurrent Resolution, 1990:66.

(续表)

	中位数				均值		
	TTD	RTD	TTD/RTD	RTD/TTD	TTD	ETD	RTD
1978	8.9	6.1	2.8	68.5%			
1980	9.3	6.3	3.0	67.7%			
1984	10.0	6.8	3.2	68.0%			
1986	8.7	6.6	2.1	75.6%	9.84	8.66	7.02
1988	10.5	6.9	3.6	65.7%			
1989	10.5	6.9	3.6	65.7%			

数据来源：BOWEN W G, RUDENSTINE N L. In Pursuit of the PhD. Princeton University Press, 1992：399。

（一）学科差异

从不同学科角度来看，如图3-3所示，科学和工程领域博士学位获得者修业年限（TTD）明显低于非科学和工程领域。一般而言，两者的差距基本在3～5年的范围。非科学和工程领域博士学

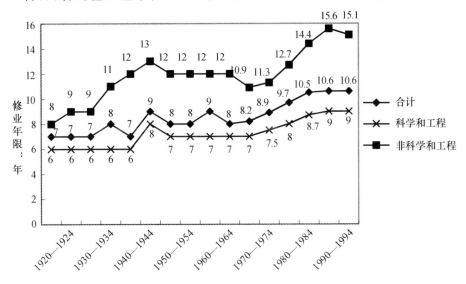

图3-3 不同领域博士学位获得者修业年限统计（TTD）

数据来源：THURGOOD L, GOLLADAY M J, HILL S T. U.S. Doctorates in the 20th Century, NSF 06-319[R]. National Science Foundation，VA 2006：Figure 4-14。

位获得者修业年限(TTD)较长的原因,一方面在于他们可能倾向于在大学本科毕业后,工作一段时间后再重新开始研究生阶段的学习,而科学和工程领域博士生更倾向于在本科毕业后马上转入博士阶段的学习;另一方面,非科学和工程领域博士生往往需要从事大量的社会调查等工作,而科学和工程领域,特别是那些以实验为基础的学科领域,博士生往往在按照要求完成实验后就具备了毕业的基本条件。

目前,关于美国博士修业年限最新、最全面的统计,体现在美国国家科学基金会(NSF)出版的《博士学位获得者年度报告》(Survey of Earned Doctorates,SED)中。从 RTD 口径来看,根据美国国家科学基金会(NSF)对美国博士教育的统计(2006),1978 年自然科学、工程和生命科学学科博士按照 RTD 统计的修业年限中位数均不足 6 年,修业年限中位数最高的人文学科也仅为 7.5 年。2003 年,人文学科博士生按照 RTD 统计的修业年限中位数达到了 9 年,自然科学、工程和生命科学类博士按照 RTD 统计的修业年限中位数略低于 7 年。从 1978 年到 2003 年,获得哲学博士学位全体样本按照 RTD 统计的修业年限中位数从 6.3 年上升到 7.5 年,增加了 1.2 年,其中人文、社会科学和教育的增幅达到了 1.5 年(见表 3-3)。

表 3-3 不同学科博士学位获得者修业年限统计 单位:年

	1978	1983	1988	1993	1998	2003
总计	6.3	6.9	7.1	7.3	7.5	7.5
自然科学	5.9	6.1	6.3	6.7	6.7	6.8
工程科学	5.8	5.9	6.0	6.5	6.7	6.9
生命科学	5.9	6.2	6.6	7.0	7.0	6.9
社会科学	6.2	7.0	7.6	7.7	7.6	7.8
人文学科	7.5	8.2	8.7	8.5	8.8	9.0
教育学科	6.8	7.6	8.3	8.5	8.7	8.3
其他	6.3	7.0	7.5	7.8	8.0	8.3

数据来源:thomas Hoffer and Vincent Welch. Time to degree of US research doctorate recipient. NSF 06-312. March 2006。

2004年,斯道克(Stock)和齐格弗里德(Siegfried)对美国高校2001年7月1日到2002年6月30日经济学博士学位获得者的修业年限进行了问卷调查,该调查实际发放问卷519份,约占实际毕业人数(850人)的60%,回收有效问卷398份。与以往不同,该调查直接询问被访者从开始博士学习(而不是研究生学习)到获得博士学位(而不是博士论文答辩)的时间。调查结果显示:总样本修业年限的中位数为5.5年,其中从博士入学到开始论文研究时间(Time to ABD)的中位数为2.4年,撰写学位论文的时间(Write Dissertation)的中位数为2.9年。①

(二)性别差异

如图3-4、3-5所示,从不同性别的修业年限来看,女性的TTD

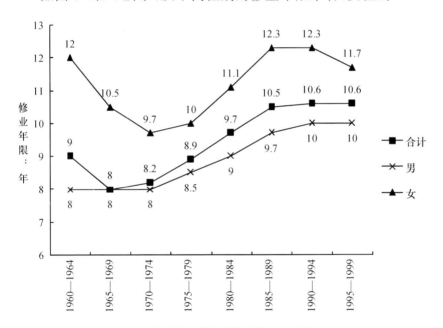

图3-4 不同性别博士学位获得者修业年限统计(TTD)

数据来源:THURGOOD L, GOLLADAY M J, HILL S T. U.S. Doctorates in the 20th Century, NSF 06-319[R]. National Science Foundation, VA 2006: Figure 4-16.

---

① STOCK W A, SIEGFRIED J J. Time-to-Degree for the Economics Ph. D. Class of 2001—2002[R]. AEA Papers and Proceedings: 467-474.

值明显高于男性 2～3 年的时间，但 RTD 值仅相差半年左右。由此可见，男女之间在实际完成博士学业的有效时间上并没有明显的实质差异。

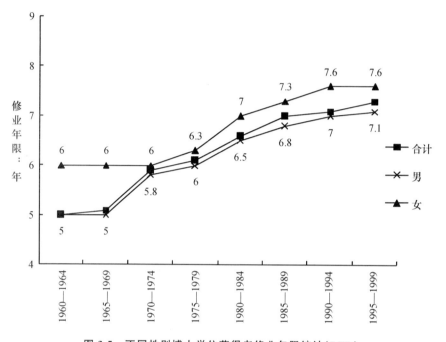

图 3-5 不同性别博士学位获得者修业年限统计（RTD）

数据来源：THURGOOD L，GOLLADAY M J，HILL S T. U.S. Doctorates in the 20th Century，NSF 06-319［R］. National Science Foundation，VA 2006：Figure 4-16。

（三）国别差异

由图 3-6、3-7 可见，无论是 TTD 还是 RTD，持短期签证博士学位获得者和长期签证持有者（特别是美国公民）之间有一年左右的差距。

3.3.2 修业年限的影响因素

目前，虽然博士教育的修业年限问题已经引起了各方的关注，但对该问题的研究是一项高度复杂的工作。这首先在于缺乏全国

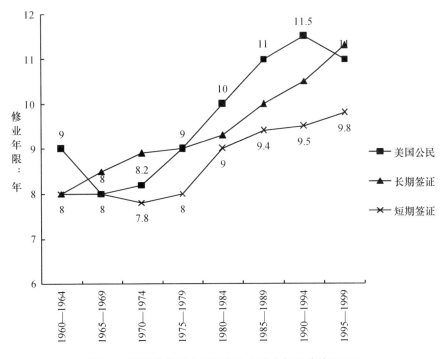

图 3-6　不同身份博士学位获得者修业年限统计(TTD)

数据来源：THURGOOD L, GOLLADAY M J, HILL S T. U.S. Doctorates in the 20th Century, NSF 06-319[R]. National Science Foundation, VA 2006：Figure 4-17.

范围内关于流失博士生的统一数据；其次，学院一般不愿意公开学生的住址等信息，何况他们的联系方式还会不断发生变化；第三，一些学生在放弃学业一段时间后可能会重返校园，这不可避免地带来了流失率统计的不确定性和不准确性。因此，尽管一些研究得到了基金会和大学的支持，但绝大多数研究的对象仅限于某一所大学或某一个学科。相对本科教育而言，只有较少的研究直接聚焦于博士教育的重要原因在于目前还没有建立一个在博士教育损耗问题研究中被广泛运用的模型、理论或方法。

从现有研究来看，贝尔(Bair)和海沃斯(Haworth)的论文具有重要的参考价值，他们采用从定性到定量的综合研究方法对1970

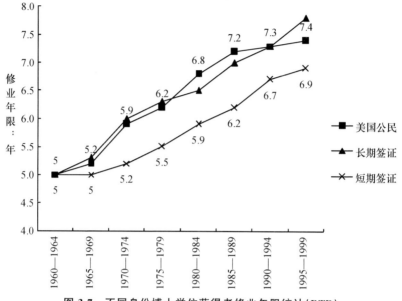

图3-7 不同身份博士学位获得者修业年限统计(RTD)

数据来源：THURGOOD L, GOLLADAY M J, HILL S T. U. S. Doctorates in the 20th Century, NSF 06-319[R]. National Science Foundation, VA 2006: Figure 4-17。

年到1988年间有关博士生流失问题的118篇研究论文进行了综合分析。这些研究中大约有2/3是针对研究Ⅰ型大学，并且一般只局限于某一所大学或某一个学科专业。[①]

1. 课程设计。美国的博士学位制度非常看重规定课程的学习，并把它作为整个博士教育过程的一部分。课程包括相关领域的基本知识、学科前沿的问题研究和方法论，通常要求学生学习12～15门课程，目的在于发展学生的理解能力，以及批判地评价本专业及相关领域的学术成果的能力，发展学生运用适当的原理和方法来认识、理解、评价和解释本专业领域最前沿的知识和有争议问题的能力。博士生一般约需用两年的时间完成修课任务，

---

① BAIR C R, HAWORTH J G. Doctoral Student Attrition and Persistence: A Meta-Synthesis of Research[M]. Higher Education: Handbook of Theory and Research, 2004(XIX): 481-534.

然后参加一次淘汰性的博士资格考试(淘汰率一般为 30% 以上),通过后方可成为博士候选人,进入撰写论文阶段。①同时,由于许多人在硕士和博士阶段就读的专业不同,按照规定,他们必须补修一些硕士课程。即便是那些硕士和博士就读同一专业的学生,由于不同学校开设的课程区别很大,也往往需要补修一些课程。

2. 经济资助。经济资助是博士生完成学业的物质保障,获得经济资助机会的不同是造成不同学科博士生流失率差异的重要因素。通常来讲,自然科学能比人文学科、社会科学得到更多的资助。自然科学的博士生获得全额资助以完成专门研究的比例更高,其生活津贴和奖学金的数额通常也较大。人文学科、社会科学学科所能获得的外部资助比较少,相应地,其博士生获得全额资助的也较少,往往通过担任助教或者本科生课程的讲师来获得资助。②不少博士生由于讲授课程的负担过重而耽误了博士论文的写作。例如,得克萨斯大学(奥斯丁)英语系的一位博士生在 5 年的学习过程中,每学期都要讲授或协助讲授两门课程。③

20 世纪 60 年代以来的许多有关研究生资助的研究都表明,不同的资助模式对博士生的修业年限会产生不同的影响。美国学者霍华德·图克曼(Howard Tuckman)等人的研究发现(见表 3-4,以 1987 年的数据为例),在所有学科中,以自己收入为主要经济来源的博士生的修业年限都比获得助研、助教或奖学金的博士生要长得多。相对来说,在以资助为主要来源的博士生当中,以助教为主要经济来源的博士生的修业年限最长,以奖学金为主要经济来源

---

① 陈学飞. 传统与创新:法、英、德、美博士生培养模式演变趋势的探讨[J]. 清华大学教育研究,2000(4):9-20.
② 〔美〕阿特巴赫. 美国博士教育的现状与问题[J]. 教育研究,2004(6):34-41.
③ JOSEPH B. Exploring Ways to Shorten the Ascent to a Ph. D. [OL]. New York Times,2007-10-3.

的博士生的修业年限最短。①这里所说的修业年限(TTD)包括三个部分:本科毕业后到在研究生院注册之间的时间(Time Spent Prior to Graduate Entrance, TPGE)、博士毕业前在研究生院注册的时间(RTD),以及不在大学注册的时间(Time Not Enrolled in the University,简称 TNEU)。获得资助显然有助于缩短 TPGE 和 TNEU 的时间。

表3-4 不同经济来源博士生的学业年限(TTD)均值(1987)　　单位:年

学科领域	完成博士学业的主要经济来源			
	助教	助研	奖学金	个人收入
化学	8.68	8.16	8.49	13.56
物理/天文	6.69	6.47	5.75	11.93
地球、气候与海洋科学	9.41	9.4	6.88	14.36
数学/计算机科学	8.90	8.67	8.92	13.75
工程科学	8.42	7.81	7.18	13.39
农业科学	7.81	8.83	8.00	13.28
生命科学	8.90	8.41	7.97	12.52
健康科学	9.78	10.96	9.83	15.54
心理学	8.86	8.79	9.33	13.59
经济学	8.69	8.17	7.30	12.41
其他社会科学	10.80	10.06	9.85	15.70

资料来源:TUCKMAN H, COYLE S, BAE Y. On Time to the Doctorate: A Study of the Lengthening Time to Completion for Doctorates in Science and Engineering[M]. Washington, D.C. National Academy Press, 1990:40。

3. 院系文化。多数研究者认为,良好的师生关系(包括与导师和其他教员的关系)对博士生顺利完成学业有非常重要的影响,尽管一些研究者认为这不是最重要(决定性)的因素。如果学生对导师不满意,甚至彼此之间存在冲突,学生就很难从导师那里得到及时而准确的建议。良好的师生关系主要表现在能够彼此交流学习

---

① TUCKMAN H, COYLE S, BAE Y. On Time to the Doctorate: A Study of the Lengthening Time to Completion for Doctorates in Science and Engineering[M]. Washington, D.C. National Academy Press, 1990:40。

中遇到的问题,导师能够对学生的研究方向和研究进展提出高质量的建议,学生熟悉一名以上其他的教员并经常保持联系,彼此满意和信任,积极维护教师群体的声誉等方面。此外,学生参与院系相关的学术活动、社会活动、其他正式非正式会议的积极性和机会,以及学生对博士学习计划的满意度也是院系文化的重要内容,同样会对博士生能否顺利完成学业带来重要影响。

4. 其他方面。在中途放弃学业的博士生中,难以完成学位论文是重要的原因,对此许多研究中甚至引用了 ABD(All But Dissertation)这个专用词。慕斯金斯基(Muszynski)的博士论文以 152 名心理学博士毕业生和在读博士生作为样本,进行多元回归分析,认为影响论文顺利完成的因素可以概括为以下七个方面:好的指导者,包括对学生支持、关注并有足够的能力;好的论文选题,包括通俗易懂、便于控制、感兴趣;毅力,包括独立意识、强烈的动机、承受挫折的能力;自主设定阶段性目标;回避或很少参与兼职工作;推迟实习计划直到完成论文;强烈的外部激励,如将来获得好的职位。[①]例如,从导师指导的角度来看,经常得到导师指导的博士生,其完成博士论文的平均时间为 3.4 年;三个月接受一次导师指导的博士生,其完成博士论文平均需要 4.4 年,而一年也难以接受导师指导的博士生,完成论文的平均时间是 5.8 年。[②] 从论文选题的角度来看,物理和生命科学学科博士生的研究往往是在实验室中由团队共同完成,论文的选题更可能是直接来自于导师的研究项目,他们更容易得到导师的直接指导和对研究进展的监督。人文社会科学类博士生的论文选题往往相对独立,并且需要建立在大量的田野调查的基础上,在这种情况下,一般很难确保阶段性研究

---

① MUSZYNSKI S Y. The Relationship between Demographic/Situational Factors, Cognitive/Affective Variables, and Needs and Time to Completion of the Doctoral Program in Psychology[D]. Kent State University, 1988.
② 蒲蕊. 研究生教育学制的国际比较及其启示[J]. 武汉大学学报(人文学科版),2006(1):108-113.

目标的按期实现。①此外,影响博士修业年限的其他原因还有博士生生源质量下降、学生对舒适学术生活的依恋和由于未知就业前景而造成的毕业延迟等。例如,在就业困难的形势下,学生希望利用这些延长的时间完成高水平论文以获得更好的研究职位,但目前还缺乏这方面的信息。②

3.4 经济资助③

20 世纪初,联邦政府几乎没有介入研究生资助事宜,奖学金主要由学校负责提供。1945 年 7 月,布什发表了《科学——没有止境的前沿》,建议提供研究生奖学金来吸引青年致力于科学事业,但由于种种政治上的争议而没有马上得以实现。1948 年后,原子能委员会(AEC)、国家卫生研究院(NIH)、科学基金会等机构先后开始以助研、奖学金等形式对不同学科领域的研究生提供资助。1958 年 9 月 2 日,艾森豪威尔总统签署通过《国防教育法》,在其第四款中明确规定了向研究生颁发国防奖学金。到 1959 年,美国联邦政府已经提供大量的奖学金,其中包括国家科学基金会奖学金(每年 2100 名)、公共卫生服务奖学金(每年新发放 675 名,连续资助 3 年,因此每年度有 2025 人获得资助)、国防教育法奖学金(每年新发放 1500 名,连续资助 3 年,因此每年度有 4500 人获得资助),全部加起来,大约有 15000 份全国性的研究生奖学金,而且基本面

---

① BAIR C R, HAWORTH J G. Doctoral Student Attrition and Persistence: A Meta-Synthesis of Research[M]. Higher Education: Handbook of Theory and Research, 2004(XIX):481-534.
② 〔美〕科学、工程与公共政策委员会,等. 重塑科学家与工程师的研究生教育[M]. 徐远超,刘惠琴,等译. 北京:科学技术文献出版社,1999:74-79.
③ 本节主体内容原载于《中国高教研究》,参见:赵世奎,沈文钦. 美国博士生资助制度及其启示[J]. 中国高教研究,2011(3):42-45。

向博士生。① 1969年的调查结果显示,自然科学领域的研究生有36.6%获得了联邦政府各类奖学金的资助,再加上大学和州政府提供了超过35%,只有不到18.6%的研究生需要自行负担学费,政府部门成为研究生资助的最大来源。联邦政府对大学科研和研究生教育的资助成为20世纪60年代美国博士教育大扩张的重要动因之一。② 在20世纪50年代中期到60年代末各方面资助的重大扩张之后,联邦政府对研究生的奖学金资助从1967年的4.47亿美元下降到10年后的1.85亿美元。③

1965年,国会批准了《高等教育法》(the Higher Education Act),第一次规定为大学生提供联邦奖学金,其中有五项规定为大学和学院提供补助:每年拨款5000万美元给大学购买图书资料,向大学提供津贴以增加与社区发展相联系的课程,对贫困的小型学院提供资金等。④

自1965年《高等教育法》通过以后,用于资助中学后学生的贷款急剧增长。1992—1993年,美国联邦家庭教育贷款(the Federal Family Education Loans Program)是最大的资助来源,总计为大学生和研究生提供了150亿美元,占联邦政府、州政府和大学资助总额的43%。

和本专科教育一样,美国的研究生教育也实行成本分担,学杂费是研究生教育成本的重要组成部分。研究生教育的学费没有统一的标准。和本科生教育一样,公立大学研究生教育的学费往往也低于私立大学。美国各州在公立大学研究生教育学费标准确定过程中主要考虑如下因素:州财政状况、在成本分担和教育公平之

---

① BERNARD B. Graduate Education in the United States[M]. New York/Toronto/London: McGraw-Hill Book Company, 1960:147.
② 赵可,袁本涛.美国联邦政府研究生资助政策的历史考察[J].清华大学教育研究,2009(1):43-53.
③ 〔美〕克拉克.探究的场所:现代大学的科研和研究生教育[M].王承绪,译.杭州:浙江教育出版社,2001:152.
④ 黄安年.当代美国的社会保障政策[M].中国社会科学出版社,1998:126.

间保持平衡、同类学校的学费水平应具有可比性、对州内和州外学生(包括国际学生)区别对待。根据美国教育部国家教育统计中心公布的数据,研究生人均学杂费持续增长,2012年达到15787美元,见表3-5。

表3-5 美国研究生学杂费平均水平统计　　　　单位:美元

	合计	公立	私立
1989—1990	4135	1999	7881
1990—1991	4488	2206	8507
1991—1992	5116	2524	9592
1992—1993	5475	2791	10008
1993—1994	5973	3050	10790
1994—1995	6247	3250	11338
1995—1996	6741	3449	12083
1996—1997	7111	3607	12537
1997—1998	7246	3744	12774
1998—1999	7685	3897	13299
1999—2000	8069	4042	13821
2000—2001	8429	4243	14420
2001—2002	8857	4496	15165
2002—2003	9226	4842	14983
2003—2004	10312	5544	16209
2004—2005	11004	6080	16751
2005—2006	11621	6493	17244
2006—2007	12312	6894	18108
2007—2008	13002	7415	18878
2008—2009	13647	7999	19230
2009—2010	14537	8763	20368
2010—2011	14993	9247	20335
2011—2012	15787	9980	21105

数据来源:U. S. Department of Education National Center for Education Statistics. Average graduate tuition and required fees in degree-granting institutions, by control of institution and percentile:1989-1990 through 2011-2012[OL]. http://nces. ed. gov/programs/digest/d12/tables/dt12_385. asp.

同时,根据美国教育部国家教育统计中心对不同学习方式博士生完成学业所需预算的调查,对于公立学校就读的博士生,全时/全年、全时/非全年、非全时/全年、非全时/非全年四种不同学习方式的总预算分别为 33000 美元、21700 美元、20300 美元和 20400 美元,[①]见表 3-6。也就是说,即使按平均水平计算,博士生如果能够同时获得奖助金和助学金,则足以支付除"全时/全年"学习方式外其他情况的经济支出。

表 3-6 不同学习方式博士生年度预算(2007—2008) 单位:美元

学习方式	学校类型	总预算	学杂费	其他费用
全时/全年	公立学校	33000	11700	21300
	私立学校	46000	23600	22400
全时/非全年	公立学校	21700	5900	15700
	私立学校	24800	11900	13000
非全时/全年	公立学校	20300	6300	14000
	私立学校	24300	9600	14700
非全时/非全年	公立学校	20400	7000	13400
	私立学校	22800	8600	14200

数据来源:SNYDER T D, DILLOW S A. Digest of Education Statistics 2010[R]. U.S. Department of Education,NCES 2011-015:177。

3.4.1 经济资助的类型

美国博士生的学习成本较高,但资助体系比较健全,各种资助的覆盖面和资助强度都比较高。总体而言,助研、助教和各种奖学金、助学金逐渐成为其经济资助的主要来源,但不同学科之间存在较大差异。

美国高校奖学金(校内奖学金)分为非服务性奖学金(Non-Service Scholarship,Grants,fellowship)、服务性奖学金(Service

---

① U.S. Department of Education. Profile of Students in Graduate and First-Professional Education:2007—2008[R]. Washington D.C. 2009.

Assistantship)和学校贷款(loans)三种。其中非服务性奖学金是指不需要偿还或者以工作为交换的资助,按其来源渠道来看,又可分为全国性的、竞争性的、私人和外部奖学金(private, external, nationally, competitive fellowship or scholarship)以及学校或院系层面的奖学金两种;服务性奖学金是以工作为交换获得的资助,主要包括助教金(Teaching Assistantship)和助研金(Research Assistantship)两种;而学生贷款是需要在未来偿还的资助形式,如联邦斯坦福贷款(Stanford Loan)、珀金斯贷款(Perkins Loan)、学生家长贷学金(PLUS Loan)等。

除了对博士生提供奖学金、助学金和贷款外,美国的博士生还能以独立的身份申请研究课题,并担任首席科学家(principal investigator,简称 PI),如美国学者 Jason Owen-Smith 的博士论文研究"公共科学、私人科学:大学专利的原因与后果"就获得了美国院校研究协会(Association for Institutional Research)37500 美元的资助。

在设计博士生资助制度时,制度设计者的一个基本考虑是,博士生资助应该能够让博士生在生活方面没有后顾之忧,能够全身心地投入博士生学习和博士论文研究。2004 年 6 月 17—18 日美国国家科学基金会(NSF)、国家卫生研究院(NIH)和研究生院理事会(CGS)联合举行的有关博士生资助问题的会议指出,博士生的津贴(stipends)水平最起码应该能够保障博士生的基本生活。辛辛那提大学副校长(Howard Jackson)指出,对博士生的资助应包括 5 个方面:学费、津贴(stipend support)、健康保险、房租、交通费。其中,津贴的水平要特别考虑那些已婚者和一年级新生(他们很少能获得助研岗位)。①

美国国家科学基金会(NSF)等单位对博士学位获得者的调查

---

① BARNHILL R E,STANZIONE D. Workshop Report 2003—2004:Support of Graduate Students and Postdoctoral Researchers in the Sciences and Engineering:Impact of Related Policies & Practices[R]. National Science Foundation,2004.

(SED)结果显示,近10年来,助研金是博士学位获得者最主要的经济来源,其次为奖助学金和贷款等个人或家庭支出,见表3-7。其中,从1998年到2008年,以奖助学金作为主要经济来源的博士学位获得者比例从16.3%提高到26.9%,而以贷款等个人或家庭支出作为主要经济来源的比例从32.2%下降到19.8%。如果和20世纪60年代相比,这一变化就更加明显了。相比而言,1965年美国共有47万研究生,其中获得助教、助研、奖助学金的比例只有43%。[①]

表3-7 博士学位获得者主要经济来源统计　　　　　　单位:%

	1998	2000	2002	2004	2006
样本数:人	42683	41368	39955	37403	40272
助教(teaching assistantships)	17.8	17.4	16.8	16.6	17.4
助研(research assistantships)	26.5	24.9	26.5	26.1	28.6
奖学金、助学金(fellowship/grants)	16.3	18.8	21.9	26.3	27.5
自筹(own resources)	32.2	32.2	28.4	25.1	21.3
外国政府(foreign government)	2.5	2.7	2.4	2.1	1.4
雇主(employer)	3.1	3.6	3.9	3.7	3.7
其他(other)	1.6	0.3	0.1	0.1	0.1

数据来源:National Science Foundation. Doctorate Recipients from U. S. Universities[R]. Summary Report 1999-2008。

助教和助研不仅为博士生提供了学习生活的经济来源,而且有助于博士生融入学术共同体,并促进博士生的专业发展。阿丽斯·罗登(Arliss L. Roaden)指出,助研制度是一种研究学徒制(research apprenticeship),她以美国教育研究协会(AERA)的3963名会员为样本的研究表明,那些拥有助研经历的学者,其学术产出相对更高。具体来说,有助研经历的学者的学术产出和获得

---

① HUNTER J S. Academic and Financial Status of Graduate Students[R]. Financial Support,1967.

研究基金的数量是没有助研经历的学者的 2.5 倍。[①] 科琳娜·埃辛顿（Corinna Ethington）的研究发现，和没有获得助研、助教的博士生相比，获得助研、助教资助的博士生在学术研究和学术发表方面往往更加活跃。从某种意义上说，助研和助教制度履行了学徒制的功能，通过它们，博士生得以习得科系、研究小组等学术共同体的规范和文化，并成为教学团队或研究团队的一个部分。[②]

根据美国教育部国家教育统计中心全国中学后学生资助调查（NPSAS：National Post-Secondary Student Aid Survey）2007—2008 年度的调查数据（见表 3-8），博士生获得资助的比例为 85.9%，平均资助强度为 23800 美元。其中，奖学金的资助面最大，达到了 53.8%；贷款的资助强度最高，为 20300 美元。同时，博士研究生获得各项资助的平均强度均高于第一专业学位学生，但获得雇主和贷款的资助比例低于第一专业学位学生。[③]

表 3-8 不同类型资助比例和资助强度（2007—2008）

	学位类型	总计	奖助金（Grants）	助学金（Assistantships）	学生贷款
资助面：%	博士学位获得者	85.9	53.8	47.0	31.7
	第一专业学位	87.6	41.0	8.3	78.7
平均资助额度：%	博士学位获得者	23800	12200	15400	20300
	第一专业学位	33200	8500	6500	31400

注：总计包括亲属、朋友之外的所有来自联邦政府、州政府、学校和雇主的资助；奖助金（Grants）包括奖学金、学费减免和雇主资助；助学金（Assistantships）包括助教金和助研金，前者来自学校，后者可能来自多种渠道。

数据来源：U. S. Department of Education. 2007-2008 National Postsecondary Student Aid Study[R]. Washington D. C. 2008:13-14。

---

① ROADEN A，WORTHEN B. Research Assistantship Experiences and Subsequent Research Productivity[J]. Research in Higher Education，1976(5):141-158.

② ETHINGTON C A，PISANI A. The RA and TA Experience：Impediments and Benefits to Graduate Study[J]. Research in Higher Education，1993(3):343-354.

③ U. S. Department of Education. 2007—2008 National Postsecondary Student Aid Study[R]. Washington D. C. 2008:13-14.

3.4.2 经济资助的群体差异

(1) 学科差异

从不同学科的角度来看,以 2008 年博士学位获得者为例(见图 3-8),自然科学、工程科学博士生主要依靠担任研究或教学助理的比例较高,生命科学博士生主要依靠奖学金的比例较高,而人文社科、教育学科博士生主要依靠个人负担的比例较高。此外,近年来所有学科中主要依靠个人负担的博士学位获得者比例都有不同程度的下降。其中,人文学科、社会科学和教育学科都下降了近 15 个百分点,见表 3-9。

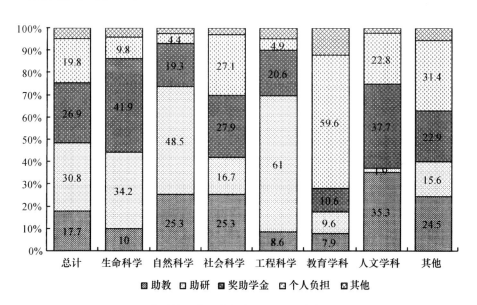

图 3-8 不同学科博士学位获得者最主要经济来源统计(2008)

数据来源:National Science Foundation. Doctorate Recipients from U. S. Universities[R]. Summary Report 2007-2008:49-50。

表 3-9　不同学科博士学位获得者主要依靠个人负担所占比重　　单位:%

	工程	人文	自然科学	生命科学	社会科学	教育
2002	8.4	34.3	6.6	14.7	37.4	65.6
2003	9.1	34.6	7.6	14.4	35.4	63.6
2004	6.5	30.6	5.3	11.8	32.9	62.3
2005	5.6	28.8	4.2	10.8	31.1	60.3
2006	5.3	28.5	4.2	10.4	29.4	58.8
2007	4.4	26.0	4.2	10.9	28.9	58.5
2008	4.9	22.8	4.5	9.8	27.2	59.6
2009	5.2	22.4	4.2	9.7	27.2	60.0
2010	4.5	22.6	4.4	8.9	27.2	54.6
2011	4.5	22.7	4.0	8.9	26.3	50.0
2012	4.1	20.9	3.8	9.1	25.3	49.3

数据来源:National Science Foundation. Doctorate Recipients from U.S. Universities, Summary Report 2012 [OL]. http://www.nsf.gov/statistics/sed/digest/2012/theme4.cfm#3。

(2)性别差异

从不同性别博士学位获得者来看,以 2011 年博士学位获得者为例,如表 3-10 所示,总体而言女性获得奖学金的比例明显高于男性,而男性获得助研金的比例明显高于女性。但值得注意的是,在一些学科,男女之间的差异表现出相反的趋势,例如社会科学女性获得奖学金的比例略低于男性,而教育学科女性获得助研金的比例明显高于男性。

表 3-10　不同学科博士学位获得者资助类型的性别差异(2011)　　单位:%

		样本数	奖学金 (Fellowship, scholarship)	助学金 (Grant)	助教津贴 (Teaching Assistantship)	助研津贴 (Research Assistantship)	训练金 (Traineeship)
总计	男	23767	56.0	30.0	63.6	65.2	3.0
	女	20558	61.1	34.1	60.7	56.1	4.8
生命科学	男	4737	59.4	45.9	44.9	60.2	8.8
	女	5806	62.8	46.1	44.7	55.7	10.3
自然科学	男	5674	52.8	26.6	81.3	80.7	1.6
	女	2288	60.0	33.2	83.9	81.0	2.2

(续表)

		样本数	奖学金（Fellowship, scholarship）	助学金（Grant）	助教津贴（Teaching Assistantship）	助研津贴（Research Assistantship）	训练金（Traineeship）
社会科学	男	2899	64.4	32.5	74.9	57.7	3.1
	女	4247	63.5	33.9	72.7	61.5	5.5
工程	男	5641	47.8	21.3	54.4	83.1	1.7
	女	1590	59.8	27.7	58.3	83.1	3.5
教育	男	1278	35.9	15.8	32.6	28.2	D
	女	2913	42.3	17.9	34.4	34.3	D
人文	男	2312	76.2	35.5	82.7	28.2	0.4
	女	2447	79.1	36.2	86.2	34.3	0.6
其他	男	1226	59.4	22.7	66.2	55.6	D
	女	1267	57.4	21.8	66.9	53.8	D

数据来源：National Science Foundation. Doctorate Recipients from U. S. Universities[R]. Summary Report 2011：Table 36。

（3）国别差异

从博士学位获得者的国别身份来看，以2008年为例，如表3-11所示，美国公民主要依靠奖学金的比例明显高于持短期签证者，而主要依靠助研金的比例明显低于持短期签证者。由此可见，相对而言，更多的短期签证博士学位获得者以助研金为主要经济来源，而更多的美国公民博士学位获得者以奖学金为主要的经济来源。

表3-11 不同身份博士学位获得者最主要经济来源(2008) 单位：%

	短期签证			美国公民		
	2001	2006	2011	2001	2006	2011
助教	19.2	20.6	23.0	17.0	15.5	18.5
助学金	43.4	50.0	49.0	19.9	17.3	23.6
奖学金	18.5	19.6	20.6	21.0	31.6	31.1
个人支付	9.3	5.3	3.9	36.9	30.0	22.2
外国政府	8.7	4.0		0.1		
雇主	1.0	0.5	0.5	5.1	5.5	4.3
其他	0.0	0.0	3.0	0.1	0.1	0.3

注：2011年美国公民数据含长期签证。

个人支付(Own)包括贷款、家庭存款，以及其他非学术性雇佣收入。

数据来源：National Science Foundation. Doctorate Recipients from U. S. Universities[R]. Summary Report 2001—2012。

3.4.3 资助经费的来源

从对博士生提供资助的主体来看,为博士生提供资助的主体主要包括联邦政府、教育机构、慈善基金会、个人等。当联邦政府对博士生的资助减少时,主要的资助责任就落在了各个大学身上。当然,历史地看,美国联邦政府对研究生的资助力度是逐渐加大的。1954 年,仅有 10% 的自然科学类全日制研究生获得联邦资助,到 1969 年,这一比例上升到 36%。[①] 20 世纪 80 年代以来,美国研究生资助来源的结构逐渐稳定,联邦政府资助约占 20%,非联邦资助徘徊在 45%~50%,自筹约为 1/3。从联邦政府层面来看,20 世纪初叶,联邦政府几乎没有介入研究生资助事宜。作为一项政策,美国联邦政府对研究生的资助始于"二战"后。1945 年 7 月,布什发表了《科学——没有止境的前沿》,建议提供研究生奖学金来吸引青年致力于科学事业,但由于种种政治上的争议而没有马上得以实现。1948 年以后,原子能委员会(AEC)、国家卫生研究院(NIH)、科学基金会等机构先后开始以助研、奖学金等形式对不同学科领域的研究生提供资助。[②]

1952 年 NSF 设立新型研究生奖学金项目和 NDEA(1958 年)的通过,标志着大规模研究生直接资助的兴起。其他联邦机构也迅速开展了对研究生直接资助的项目或者扩大了既有资助的规模,例如 NSF 扩大了研究生奖学金项目并推出了一个助学金(traineeship)项目。在其最高峰的 1968 年,NSF 大约为研究生提供了 4500 万美元的资助,比 1966 年整整多出了 2500 万美元。借此,从联邦直接资助中受益的研究生从 1963 年的 15600 人迅速增加到 1968 年的 51400 人,5 年的时间增加了三倍多,见表 3-12。全时攻读研究生获得联邦奖助学金(fellowships and traineeships)资

[①] MALANEY G D. Who Receives Financial Support to Pursue Graduate Study? [J]. Research in Higher Education 1987, 26(01):85-97.

[②] 赵可,袁本涛. 美国联邦政府研究生资助政策的历史考察[J]. 清华大学教育研究,2009(1):43-53.

助的比例从1960年的6.4%提高到1968年的16.0%。1968年后,各种对研究生的资助几乎都出现了明显下降。例如,美国国防教育法(NDEA)规定从1972年开始不再有新的奖学金(fellowship)资助项目,NSF不仅淘汰了助学金(traineeship)项目,奖学金资助项目规模也锐减到每年只有500份,NASA的助学金项目也被取消。整个联邦政府奖学金和助学金资助的水平从1968年的26200万美元下降1972年的11400万美元。

表3-12 联邦政府对研究生的直接资助统计

	奖学金和助学金(Fellowships and Traineeships)		NIH培训基金(NIH Training Grants)	
	学生数:千人	金额:百万美元	学生数:千人	金额:百万美元
1963	15.6	80.7	NA	NA
1964	20.4	106.1	NA	NA
1965	26.4	140.4	NA	NA
1966	40.0	213.0	15.6	120.6
1967	51.3	257.6	15.5	131.3
1968	51.4	262.1	16.3	132.5
1969	42.5	222.9	15.8	139.3
1970	33.2	162.3	15.2	128.5
1971	29.0	137.3	15.0	129.7
1972	24.8	113.9	14.5	136.9

资料来源:National Board on Graduate Education. Federal Policy Alternatives toward Graduate Education: A Report with Recommendations of the National Board on Graduate Education[R]. Washington, D.C., 1974: Table A.7。

奖学金资助水平的下降,对联邦政府学生贷款和Work-Study Programs提出了更高的需求。如表3-13所示,从1963年到1972年,研究生获得上述资助的人数从13000人上升到36900人。1965年开始,"保证学生贷款计划"(Guaranteed Student Loan Program)大约有9%提供给了研究生,该项目贷款额也从1966年的700万美元提高到1972年的11700万美元。1965年建立的资助大学生在职学习项目(College Work-Study Program),尽管只有4%提供给研究生,但资助额度也从1965年的220万美元提高到1972年的

1090 万美元。

表 3-13 联邦政府 USOE 贷款和勤工助学项目统计

	联邦政府直接援助学生贷款 (National Direct Student Loans)		保证学生贷款计划 (Guaranteed Student Loans)			在职学习计划 (College Work-Study Programs)	
	学生数：千人	联邦政府资助金额(Federal Capital Component)：百万美元	批准项目数：No. Approvals 千	借款(Amount Borrowed)：百万美元	联邦政府承担金额(Federal Interest Payments)：百万美元	学生数：千人	金额：百万美元
1963	13.0	5.4					
1964	14.8	6.5					
1965	19.2	7.8				4.6	2.2
1966	22.7	10.8	4.4	7.0	0	11.0	4.0
1967	23.7	10.6	29.7	22.4	1.0	12.0	5.4
1968	25.7	10.7	46.4	39.2	2.8	14.1	5.4
1969	27.4	11.0	70.9	61.8	4.4	15.4	5.7
1970	27.1	11.3	82.9	75.6	9.3	17.0	5.9
1971	33.7	13.6	97.3	94.0	13.3	24.0	9.5
1972	36.9	17.2	113.1	117.1	17.8	NA	10.9

资料来源：National Board on Graduate Education. Federal Policy Alternatives toward Graduate Education：A Report with Recommendations of the National Board on Graduate Education[R]. Washington，D.C.，1974：Table A.8。

同时，始于1967年的G.I. Bill资助作为联邦政府资助研究生的重要资源常常被忽视。到1972年，该项目资助金额达到了21000万美元，受益研究生达到了17万人，见表3-14。

表 3-14 退伍军人法案对研究生的资助

	资助学生数	资助金额：百万美元
1967	未知	未知
1968	未知	未知
1969	99314	81.2
1970	122688	120.4
1971	146092	177.7
1972	170359	210.0

资料来源：National Board on Graduate Education. Federal Policy Alternatives toward Graduate Education：A Report with Recommendations of the National Board on Graduate Education[R]. Washington，D.C.，1974：Table A.9。

NSF 的一项大样本调查(National Science Foundation,Graduate student support and manpower resources in graduate education, Science Resources Series)表明,特别在科学(science)领域,大约有 2/3 的助研金来自于联邦政府资助的项目。①

3.5 学位授权制度

在法律上,美国把教育的管理权划归于各州,各州有自己的立法和政策,差别较大,实行的是各州分权的高等教育管理体制,并以多元化管理为其主要特征。如美国高等教育其他系统一样,学位授权单位也存在高度分层,其中是否拥有博士学位授予权是分层的主要依据。虽然博士教育一直由那些最具声望的大学把持,但最近三十多年来,声望略低的公立大学的博士教育有了更快的发展。在高度竞争的美国大学系统中,提供研究生和专业学位教育被视为声望和跻身研究型大学行列的标志。②

3.5.1 博士学位授予单位的授权

在美国,判断一个学位是否有效的依据在于该学位是否由具备学位授权的实体(entity)颁发。同样,判断一个实体是真正的大学还是"学位工厂"(degree mill)的依据也在于其颁发学位的权利来自于什么样的政府授权。一般而言,美国大学可以从三种渠道获得学位授予权:联邦议会(Congress)授权、州政府授权和独立的经联邦政府认可的印第安人部落(Sovereign Indian Tribe)授权。

---

① National Board on Graduate Education. Federal Policy Alternatives toward Graduate Education: A Report with Recommendations of the National Board on Graduate Education[R]. Washington, D. C. , 1974:18.

② ALTBACH P G. Doctoral Studies and Qualifications in Europe and the United States: Status and Prospects[OL]. http://unesdoc.unesco.org/images/0013/001364/136456e.pdf

除州法律框架下建立的宗教学校外,其他未经上述三种渠道获得学位授权的单位,其颁发的学位一般被视为无效的。同时,在上述三种授权方式中,由州政府授权的学位授权单位数占到了98%以上。这些学位授权单位又可分为三种类型:直接由州政府或下属机构(如社区)管理的公立大学、私立大学和宗教学院。

州政府对非公立学位授予单位的授权也有三种形式:① 通过州宪章直接授权。这种形式在今天已经非常少见,但它是哈佛、达特茅斯、威廉-玛丽学院等古老大学学位授权的来源。在近代,特别是西部的一些州,这种授权形式仍旧存在。如,成立于1842年的威拉米特大学(Willamette University),成立于1856年的西俄勒冈大学(Western Oregon University,现已改为公立);② 通过州政府下属或代理机构获得授权,这也是20世纪30年代以来新建私立大学获得授权的主要途径;③ 教会特殊授权。[①]

3.5.2 博士学位授予单位的认证

美国高等教育与中国高等教育不同,实行由政府部门负责学校"注册"事务,由民间行业协会进行"认证"事务。"注册"和"认证"是两个完全不同的概念。在美国高等教育管理制度中,经"政府教育部门的批准、具有授予学位权利"只是说明学校已经在主管审批事务部门正式"注册",达到举办中等后教育的最低标准。

美国博士教育主要在拥有较强实力的传统大学开展,这些大学都会经过地区性认证机构的认证。这些地区性认证机构属于非政府部门,但也不是私立部门,往往由学术共同体控制,并经过政府认可才能开展认证。不经过认证的大学一般无权获得政府贷款和资助。同时,在诸如工程、工商管理、法律、教师教育等专业领

---

① CONTRERAS A L. The Legal Basis for Degree-granting Authority in the United States [OL]. http://www.doc88.com/p-748823264719.html

域,学位授予必须得到专业协会控制的认证机构的许可。①

(一)认证机构

"二战"前,美国高等院校学术自由、高校自治,博士学位设置主要由院校自身根据相关条件及社会需要制定。从殖民地时期成立的殖民地院校开始,虽然移植了英国的高等教育模式,但在很多方面并没有完全照搬英国。比如在英格兰只有牛津和剑桥这样的大学才有学位授予权,其他院校均需要得到这两所院校的授权许可,而美国早期的殖民地院校"其学位授予权不受任何干扰,哈佛创立后不久便破例未经任何其他大学的批准,自己独断给它的毕业生以学士学位"。这一勇敢的创举为以后大学学位授予权力由院校自身确定奠定了基础。再者,美国的高等教育行政管理是以州为基础,州立法机关向高校颁发特许状。"由于民众对高等教育机会要求的增加,使得当时许多州大量颁发特许状,对新建的高校采取'放任政策',对高校的教育计划和授予学位的条件没有任何的规定或要求。"②

"二战"后,随着美国《军人权利法》《国防教育法》《高等教育法》等的相继颁布,美国高等教育迅速发展,高等教育认证机构在美国也获得了广阔的市场,各级院校和专业为了使自己能够获得社会公众的认可,纷纷接受来自民间行业团体所成立的认证机构的认证,这就使得有些质量低劣的"文凭作坊"有机可乘。1952年,美国国会要求联邦政府教育专员公布了第一批全国认可的认证机构名单,这是联邦政府首次通过认证手段来影响高等教育。20世纪70年代,各州纷纷开始在立法、规则和标准等方面加强了对学位授予单位的评估。非政府、志愿的认证机构也进一步加快了大学办学标准制定的步伐。1975年,全国认证委员会(National Commission on Accrediting,NCA)和地区高等教育认证委员会联盟

---

① ALTBACH P G. Doctoral Studies and Qualifications in Europe and the United States: Status and Prospects[OL]. http://unesdoc.unesco.org/images/0013/001364/136456e.pdf

② 陈学飞. 美国高等教育发展史[M]. 成都:四川大学出版社,1989:11.

(Federation of Regional Accrediting Committee of Higher Education,FRACHE)合并成立了高等教育认证委员会(the Council on Postsecondary Accreditation,COPA),成为美国第一个真正意义上的全国性认证机构。1979年,联邦政府教育办公室升格为教育部(USDE)。1988年7月,美国教育部公布了新的认证机构的认可标准。1992年,美国国会在对《高等教育法》(HEA1965)复议生效时,第一次将对认证机构的认可过程要求列入该法规中,并于1994年7月开始执行。1994年1月,中学后认证认可委员会(Commission on Recognition of Postsecondary Accreditation,CORPA)成立。1996年,高等教育认证委员会(Council for Higher Education Accreditation,CHEA)成立,成为美国高等教育认证中最权威的机构。[①]

1998年9月,新成立的高等教育认证协会(Council for Higher Education Accreditation,CHEA)制定并实施新的认证机构的认可政策与程序以来,进一步规范了各个认证机构的质量、认证标准、认证过程等。[②]认证机构的规范管理及认证标准的统一有力地促进了美国学位授权审核进入专业化、规范化的发展阶段,也促使政府不断在政策和法律方面引领第三方在学位授权审核中的地位和角色。2008年颁布的《高等教育机会法案》规定,"院校的实质性变化(例如设立新的学位项目)需要通过第三方认证机构的实质性变化委员会的审查和预先批准"。[③]例如,加州大学2011年学术项目和学术点审核程序指南清晰指明:伯克利加州大学内部的各学院或系在设立新的博士学位项目时,需要首先符合西部院校协会(WASC)即第三方认证机构制定的院校实质性变化(substantive

---

[①] 高新柱,韩映雄.美国高等教育认证制度分析——建议我国高等教育认证制度的走向[J].大学?研究与评价,2009(2):73-79.
[②] 王建成.美国高等教育认证制度研究[M].北京:教育科学出版社,2007:55.
[③] Public Law. Higher Education Opportunity Act[EB/OL]. http://www.gpo.gov/fdsys/pkg/PLAW-110publ315/pdf/PLAW-110publ315.pdf.sec.497,2013-12-20

change)的规定。① 因此,尽管在实施过程中各州由于各方面原因并未完全遵照执行,但无疑标志着第三方在博士学位授权审核中得到政府的指引并不断发挥其主导作用。

(二)实质性变化委员会的认证程序

实质性变化委员会作为认证机构内部的一个重要组织,承担着院校实质性变化审核的重任:包括院校新增学位审核、双学位授权审核、院校使命变更、私立院校法人更换等项目的审核。其组成成员均为全国认可的高等教育行业内权威人士,大部分来自院校管理者、教授、行业专家等,由全国性学术团体提名,经全国教育认证委员会董事会逐个审查,投票选举产生。②

1. 审核方式

第三方认证组织对院校学位项目申请进行审核时并非"一刀切",而是根据院校已有的资源和等级分门别类地进行审核,每一类审核的程序会有所不同。以西部院校协会认证委员会为例,其中的实质性变化委员会对院校博士学位项目申请的评审有以下三种情况。③

一般审核。针对的院校需要符合下列条件:院校已经设立了10个以上的博士学位项目,且开设时间达十年以上;另外,所开设的博士专业至少覆盖5个学科领域;并且院校也通过认证表明该院校的博士学位项目质量确实高,管理博士学位项目的体系非常完善。同时满足以上条件,院校在设立新的博士点时无需再经WASC实质性变化委员会预先审核,可自行在这个学位级别上新设学位项目,但颁发学位的权利需要所在州教育部门的审批。

---

① Berkeley Campus Review Process Guide for Academic Programs and Units, Table of Contents[OL]. http://opa.berkeley.edu/academicprograms/ReviewProcessGuide.pdf, 2013-12-20

② Revised Substantive Change Manual: A Guide to Substantive Change Policies and Procedures 2013[OL]. http://www.wascsenior.org/resources/subchange, 2013-12-25

③ Substantive Change Manual: A Guide to Substantive Change Policies and Procedures 2012[OL]. http://wascsenior.org/files/2012_Substantive_Change_Manual.pdf, 2013-12-23

特定审核。 如果院校已经在某一学科领域内设立了5个以上的博士学位项目,且开设时间达十年以上,也通过了WASC的质量认证,那么这类院校在相同学科领域内设立新的博士点时无需再经WASC实质性变化委员会预先审核,可自行在该学科领域开设新的博士专业项目,但颁发学位的权利需要所在州教育部门的审批。

独立项目审核。 对于院校没有开设博士专业学位项目经验的,或者是开设博士专业项目少于5个的,这类院校在设立新的博士专业项目时需要经过实质性变化委员会和WASC认证委员会的双重审查和批准,直到一切标准达标之后,申请的学位项目才能根据实际情况获得特定年限的批准权,但颁发学位的权利需要所在州教育部门的审批。

除了审核分级进行之外,政府给予院校的审核结果也分梯度进行,并非只有"通过"或"未通过"两档。例如加州政府根据委员会递交的审核报告及建议,州教育部门做出期限为3年的许可、期限为1年的有条件许可或不许可的决定。即使是一般意义上通过了审核,也还要每5年进行复审。院校每年都要进行自我审核,保障各项指标的完成以及质量。

2. 审核过程

院校递交学位项目申请报告之后,实质性变化委员会根据所申请的学位点情况确立评议委员会进行预审,预审主要基于四个标准:1. 新的学位项目是否符合院校使命和教育目标;2. 申请的博士学位项目对院校的核心部分是否有重要的影响;3. 博士教育所需要的特殊资源是否完备(师资、设备、研究氛围等);4. 培养质量评价体系是否能保障博士教育质量。具体而言,审核内容包括院校设立学位的状况、学位设立的意义以及院校自我审核的结果、学位项目实施过程、学位项目的成效、项目资源状况、项目终止处理办法共六大块内容,如表3-15所示。在预审通过的基础上组织专家进行实地考察,考察组成员包括:认证机构的专职人员,负责整个认证程序的有效运行;外聘的专家委员会,代表同行对申请院校的学位项目进行整体审核、评判;社会公众,代表社会人员参与评审,只要对高等教育感兴趣都可以参加。[①] 考察组成员的人数与申请院校规模相关,一般来讲,院校规模 2500 人以上的,需要至少 8 名考察组成员进行为期 3 天左右的考察访问。考察结束后的两个月里,考察专家组必须写出正式、客观的评估报告,报告内容不是结论,而是院校的实际情况展现,报告中的一些数据可以和申请院校进行核对。最后的正式评估报告呈交给认证协会的决策委员会,决策委员会通过讨论和表决决定是否授予所申请学位专业的认证资格。

表3-15 实质性变化委员会对学位项目设立的审核内容

审核内容	观测点
院校和项目	A 项目计划:包括项目名称、学位授予的初始日期、学位通过远程授予所占比率 B 院校环境:包括院系环境,设立目的及战略发展计划;院系已有博士学位项目的数量、类型和时长,招生计划,完成学位时长(每年的统计数据);学位远程教育经验;如果是合作学位项目,其战略发展计划
项目意义及院校自审情况	A 项目需要:包括设立学位的缘由、满足社会需要程度及影响结果;入学率的预测支撑、学生对项目的兴趣及预期效果;招生范围和市场计划 B 自审报告:包括审核过程、参与审核的组织和批准过程及各个级别对项目的要求和审核状况 C 实验或合作协议:所需要的实验室和外方机构或院校的合作协议
项目实施过程	A 课程描述:学位课程设计、教学方法、学位名称、研究类型;课程安排及实施方案;学位质量保障体系;研究氛围及毕业要求;学位点建设、教师聘用、图书资源建设、实验室建设计划等;项目实习情况及其他完成学位的各项要求 B 学位计划:包括完成学位时长、入学注册模式、课程参与要求以及作业要求;班级授课规模、学生和老师互动时间;课程授课的时间设置 C 入学要求:入学要求及所需资格;转学分要求和政策
项目成效	历年自审评估报告以及外部审核结果

---

① EATON J S. Accreditation and Recognition in the United States[OL]. http://www.chea.org/pdf/AccredRecogUS_2012.pdf, 2013-12-25

(续表)

审核内容	观测点
项目资源	A 学院资源:课程资源、实习资源、评估资源、师资情况及研究氛围 B 学生支持:奖学金设置要求及内容、学生咨询和学术研究支持系统 C 信息资源:评估资源、图书馆和信息资源、电子服务、信息公用设施,以及和其他院校合作的研究资源及信息资源 D 技术条件:院系技术设备及学生技术能力要求;课程系统技术支持 E 物理资源:学习环境、教室、学习空间等 F 费用信息:项目所需学费及其他各项费用;项目启动成本(包括软、硬件);项目资金能够保障的学生最低数量;三年的资金预算
项目终止	项目淘汰终止后,学生完成学位的保障方案

资料来源:Substantive Change Manual: A Guide to Substantive Change Policies and Procedures 2012[OL]. http://wascsenior.org/files/2012_Substantive_Change_Manual.pdf,2013-12-23。

3.5.3 博士学位项目的授权审核

总体而言,大学博士学位授权审核一般要经过大学系统分校区或大学内部审核、大学系统或州大学评议会审核、大学校长或州大学评议会批准三个阶段。在此,本文选取三个有代表性的州的授权审核过程分别进行阐述。其中,加州大学有三个并行的、层次清晰的大学系统,第一层是加州大学(University of California)系统,有博士学位授予权,共 10 所大学;第二个层次是加州州立大学(California State University)系统,没有博士授予权(但可和加州大学联合培养博士生),只能招硕士生,有 28 所大学;第三个就是社区学院(California Community Colleges)系统,只能是二年制,现有 126 所。[1] 但是,也不排除专门学院拥有个别专业领域的博士学位授予权,并享有很高的威望。[2] 因此,博士学位授权审核被视为加州大学系统"内部"事务。在威斯康星州,尽管在 20 世纪 70 年代初

---

[1] 范文曜,刘承波.大学制度建设:加拿大、美国高教考察与启示[J].理工高教研究,2007(6):1-6.
[2] ALTBACH P G. Doctoral Studies and Qualifications in Europe and the United States: Status and Prospects[OL]. http://unesdoc.unesco.org/images/0013/001364/136456e.pdf

建立了包括13所大学在内的威斯康星大学系统,但早期,无论是哲学博士还是专业博士的学位授予权一直把持在麦迪逊校区(UW-Madison)和密尔沃基校区(UW-Milwaukee)手中。州大学评议会是学位授权审核的最终裁定人。俄亥俄州大学评议会审核对象不仅包括所有公立大学,也包括了两所私立大学。

（一）加州大学系统

学位授权审核从准备申请书(Proposal)开始,到加州大学教务长及分管学术事务副校长(UC Provost & Senior Vice Chancellor)签署(letter)结束,期间要经过许多步骤。其中,研究生事务委员会(CCGA,Coordinating Committee on Graduate Affairs)是新的研究生学位项目审核的首要责任主体。

首先,是校内流程。具体包括:(院系)相关教师组成筹备委员会(steering committee)并负责起草新申请项目的简要描述;新项目申请获得学院研究生事务负责人(Dean-Graduate Studies)和学术事务负责人的认可;准备完整的项目申请书(proposal package, including bylaws and faculty letters)并提交研究生院院长;研究生院办公室、研究生教育学术委员会(Graduate Council)专家对申请书和项目预算进行评估;研究生教育委员会对申请书进行(第一次)评估;研究生教育委员会就申请书中图书、预算等内容(Library/Planning & Budget)征询学术委员会成员(Academic Senate committees);研究生教育委员会同意申请;研究生院院长将申请书提交研究生教育委员会主任和分管副校长(Council of Deans and Vice Chancellors,CODVC);CODVC向校长提出建议;校长将申请书和校内同意书送达加州大学校长办公室(UC Office of the President,UCOP);加州大学研究生教育委员会主席将申请书送达研究生事务协调委员会(Coordinating Committee on Graduate Affairs,CCGA)。

其次,是校长办公室(UCOP)和研究生事务协调委员会(CCGA)审核。具体包括:征求UC大学系统其他分校的意见、征询图书事务协调人的意见、为分管学术事务副校长提供分析报告。选择确认外部评审专家对评审书进行评议,就评议结果与项目申请人进行沟通,对申请书确认或进一步修订,现场考察、CCGA全体会议评议,做出同意、有条件同意、不同意或重新评估的裁定。

最后,是校长批准。①

(二)威斯康星大学系统

第一阶段:形成意向书(Proposal)

(1)意向书内容。不超过两页,但要包含如下信息:A. 学位名称、联系人等基本信息;B. 关于该项目与大学使命、发展战略、现有项目分布(existing program array)契合度的声明;C. 项目描述;D. 学校所在地、地区、大学系统对该项目的需求预测。

(2)意向书审核过程。具体包括:

A. 将意向书送达负责学术、教师、全球项目(AFGP,Academic,Faculty and Global Programs)的副校长(Associate Vice President,AVP)和大学系统内其他大学;

B. 成员单位在10个工作日内针对意向书的以下方面做出评价和反馈:潜在的合作机会、项目设置的重复性等重大问题、项目与大学使命的契合度等;

C. 分管副校长在10个工作日内就意向书与州大学系统评议委员会(Board of Regents)和大学学院相关政策的一致性做出评价,并将评价结果反馈给项目申请单位和学术学生事务办公室(UW System Office of Academic and Student's Affairs);

D. 申请单位将对上述所有评价意见做出答复,并送达分管副校长和本大学系统内其他大学。其中,如果有其他大学明确表达出合作意愿,双方必须在20个工作日内进行充分协商,并将协商结果报副校长;

---

① UC Davis Graduate Council. Procedures for Establishing a New Graduate Degree Program[R]. GC2008-02,2009.

E. 上述协商调解阶段完成后,分管副校长在 10 个工作日内就是否批准意向书做出明确答复,如果批准,有效期为 5 年。

第二阶段:授权审核(Authorization)

(1) 内容和结构。正式申请书不超过 10 页,重点强调谁来主办、为什么要举办、在哪里举办、何时开始招生等基础性问题,以澄清项目设置的目的和需求、对学校利益的贡献、承担该项目的能力、对学生和威州居民的价值和影响等。具体包括如下内容:

A. 摘要。对项目的基本描述,不超过 50 个字。

B. 项目说明(Identification)。学校名称、项目名称、学位类型、培养方式(单独培养/联合培养)、五年招生计划、学费、项目计划实施日期等。

C. 项目介绍(Introduction)。为什么要开展该项目?该项目与大学使命的关系?与大学整体发展战略规划的契合度?学生、市场对项目的需求?该项目多大程度上反映了知识、职业、学科的最新发展方向?

D. 项目描述(Description)。项目适应学校学术发展规划的方式,与威斯康星大学系统(UW)现有项目的重复程度,是否与其他学校合作培养,在课程等方面体现出的多样性。学生学习效果评估。通过该项目,学生将会学到什么?完成该项目后能够做什么?如何开展对该项目的持续评估?课程设置、修业年限。项目评估。学校对该项目阶段性评估的时间和方式、关键指标、外部认证等。学校承诺书(Institutional Commitment)。在提交 UW 大学系统校长时,应提交如下证明材料:项目设计满足学校定位、质量标准,并将对学校总体的学术发展带来实质性贡献;学校范围内将对该项目提供必要的支持;经费和人员满足项目的需要;明确的项目评估计划。

(2) 学校主管副校长决定是否将项目设置申请书提交评议委员会(BOR)审议。

(3) 授权。评议委员会(BOR)做出是否授权的最终裁决。

第三阶段:执行(Implementation)

申请单位告知所在学校副校长项目开始执行的具体时间。有效期五年。①

(三)俄亥俄州大学系统

俄亥俄州大学评议会(the Ohio Board of Regents,OBR)成立于1963年,是州政府负责管理高等教育事务的内阁机构。作为内阁部门,评议会的主要职责包括新学位项目的授权审批、州政府资助项目的管理、提出高等教育更好地服务于本州及其居民的政策方案等。② 评议会下属的研究生事务咨询委员会(The Regents' Advisory Committee on Graduate Study,RACGS)是学位授权审核的主要执行部门,其成员单位包括俄亥俄州大学系统所有分校,以及凯斯西储大学(Case Western Reserve University)和道尔顿大学(University of Dayton)两所私立大学的研究生院院长,负责对所有上述学校研究生学位项目的审核评估。其中研究生事务咨询委员会对项目发展规划(Program Development Plan)的评价将历时最少6周,重点关注如下三个方面:第一,申请项目是否与本单位现有的学位项目存在冲突;第二,项目申请存在哪些需要加强、修改的内容;第三,与本单位现有学位项目是否存在合作办学的可能性。③

3.5.4 博士学位项目的评估

研究生项目的定期评估是确保教育项目质量和时代性的必要环节,也是培养单位必须履行的义务。评估过程主要是为教师和管理者提供相关信息,而不是要和大学系统内其他培养单位的类似项目做出比较。如果通过评估,评估结果也不会影响州政府对

---

① Revised Process for Program Planning, Review, and Approval in the UW System[OL]. http://www4.uwm.edu/acad_aff/policy/uws-program-planning.pdf

② About the Ohio Department of Higher Education[OL]. https://www.ohiohighered.org/board

③ Academic Program Approval [OL]. https://www.ohiohighered.org/academic-program-approval

研究生项目的拨款。

定期评估作为培养单位的内部事务，不同培养单位在实际操作中可能略有差异，但必须遵循研究生院理事会①关于关键特征和基本框架的规定，必须囊括研究生事务咨询委员会所有质量标准要素。

研究生院理事会(CGS)的规定： 项目的定期一般性评估必须是着眼于未来的评价，必须公开、公平、区别于其他评估，必须以改善教育效果为导向。关键指标和原则，如清晰的办学方针；获得充足的教师和管理人员的支持；适当的调查和问卷调查；评估专家来自学校内部和外部；重视承担教育项目教师的反馈；提出合理化建议；改进方案。

研究生事务咨询委员会的质量标准：

教师数量和水平，生师比；教师在国内外的学术声誉和地位；获得的外部资助；学位论文指导教师和团队的知识成果、学术奖励和创造性活动。

学生满意度；完成率和修业年限；能够体现项目使命的毕业生职业发展状况；对毕业生职业转换、工作满意度的定期跟踪调查；毕业生在创造新知识、教学、公共服务等方面的重要贡献。

项目资源。项目为学生、教师和学术共同体之间的学术交流创造了条件；课程不断更新以保持前沿性；图书、实验设备、计算机、学生资助等关键资源的可获得性；对获得学位的要求恰当。

项目需求。申请录取比；学生GPA和GRE成绩等；项目满足所在社区、地区和州的需求的情况。②

总体而言，美国博士教育项目的设置虽然在各州之间存在一些差异，但都要经过一系列非常繁杂、非常审慎的程序。比较我国

---

① BAKER M J, CARTER M P, LARICK D K, et al. Assessment and Review of Graduate Programs[R]. Washington, D. C.: Council of Graduate Schools, 2011.

② Ohio Board of Regents. Guidelines and Procedures for Review and Approval[R]. Revised and Approved by RACGS, 2012.

博士教育项目的授权审核,以下方面值得思考和借鉴。

第一,博士项目设置强调必须体现学校的发展使命,强调满足本地区、本州和整个美国的需要和在知识、人才等方面做出贡献。

第二,征求本州、本大学系统内其他高校的意见,是博士教育项目审核的重要环节,避免了博士项目的重复设置和过快膨胀。

第三,通过博士教育项目设置后每5~10年的定期评估,建立了博士培养项目的退出机制,确保了博士教育项目人才培养的质量。

第四章 博士毕业生就业

4.1 就业意愿

从20世纪60年代后期开始,美国国家自然科学基金会等开展的博士学位获得者调查(SED)系统收集了博士生毕业后的就业去向。

首先,从20世纪70年代初到90年代后半期,博士生毕业时有明确就业计划的比例从76.5%下降到68.1%,下降了8.4个百分点。其中,男性博士毕业生从78.3%下降到68.4%,下降了近10个百分点,见表4-1。

表4-1 博士学位获得者就业率统计 单位:%

	1970—1974	1995—1999
总计	76.5	68.1
男	78.3	68.4
女	67.4	67.5
美国公民	78.2	70.6
长期签证者	61.2	59.3
短期签证者	70.7	63.3

数据来源:THURGOOD L, GOLLADAY M J, HILL S T. U.S. Doctorates in the 20th Century, NSF 06-319[R]. National Science Foundation, VA 2006:Table 6-1。

其次,从对不同工作的就业去向来看,如表 4-2、4-3 所示,从 20 世纪 70 年代初到 90 年代后半期,最典型的变化是选择继续从事博士后学习的比例从 13.8% 提高到 26.5%,几乎翻了一番。特别对生物科学而言,选择毕业后继续从事博士后研究的比例在 20 世纪 90 年代达到了 80%。

表 4-2　有明确就业计划博士学位获得者就业去向统计　　单位:%

	1970—1974	1995—1999
美国就业(U.S. employment)	76.8	63.1
美国博士后(U.S. study)	13.8	26.5
其他国就业(Foreign employment)	7.3	7.6
其他国博士后(Foreign study)	2.1	2.8

数据来源:THURGOOD L, GOLLADAY M J, HILL S T. U.S. Doctorates in the 20th Century, NSF 06-319[R]. National Science Foundation, VA 2006:Figure 6-4。

表 4-3　不同学科博士学位获得者选择博士后的比例　　单位:%

	1970—1974	1975—1979	1980—1984	1985—1989	1990—1994	1995—1999
总计	15.3	18.7	20.9	25.5	27.9	29.6
科学和工程领域	24.9	30.5	33.4	39.2	42.7	43.3
农业科学	15.7	16.0	19.3	31.2	39.0	41.3
生物科学	53.9	68.2	74.6	78.6	81.1	79.2
地球、空气和海洋科学	20.2	26.2	29.5	38.8	43.7	48.0
数学和计算机科学	6.7	9.3	12.6	17.3	20.2	22.5
物理学	46.6	51.5	45.7	56.6	61.8	59.7
化学	47.7	49.9	42.3	53.5	57.1	59.5
天文学	45.1	54.1	52.1	62.6	70.3	59.9
心理学	14.1	17.1	19.0	21.2	25.3	34.1
社会科学	3.7	5.3	6.9	8.9	9.5	11.9
工程	9.7	13.4	12.6	18.8	22.4	22.2
非科学和工程领域	2.2	2.9	3.0	4.1	4.8	6.0
教育	1.6	2.0	1.9	2.7	3.1	3.6
健康科学	13.8	17.5	16.5	16.3	19.0	21.0
人文学科	2.3	3.6	3.4	5.0	5.3	6.4
其他专业领域	1.3	1.5	1.4	2.2	2.6	3.6

数据来源:THURGOOD L, GOLLADAY M J, HILL S T. U.S. Doctorates in the 20th Century, NSF 06-319[R]. National Science Foundation, VA 2006:Figure 6-11。

第三,从博士学位获得者对不同职业的兴趣来看,私营部门研发人员、独立工作者(咨询、作家)和非营利组织研发人员是除大学教授以外的最优选择,同时也是入学以后兴趣大幅度提高的职业(见图 4-1)。

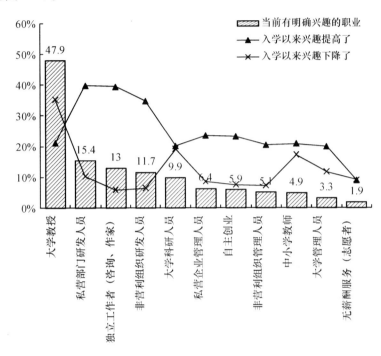

图 4-1 博士学位获得者对不同职业的就业意愿统计

数据来源:GOLDE C M,DORE T M. At Cross Purposes:What the Experience of Today's Doctoral Students Reveal about Doctoral Education[R]. Wisconsin Univ. Madison,2001:Table 2。

第四,尽管终身教职岗位的数量在不断下降,但大多数传统科学、艺术领域博士研究生仍对教师职业充满向往。戈尔德(Golde C. M.)和多尔(Dore T. M.)等人的调查表明,对"你在未来会否对教师职业有着浓厚兴趣"这一问题,明确肯定回答"是"的占 63%,回答"可能"的占 24.1%。当然,对该问题的回答在不同学科间存在着明显的差别,如图 4-2,最高的哲学学科博士生回答"是"的比例达到了88.7%,而化学学科仅有36.3%。这表明与工业界联系越紧密的学科,博士生对教学岗位的兴趣越低。其次,有47.9%的博士生明确表示将来有志于成为一名教师,另有超过1/3(37.3%)的人表示将来"可能"会争取成为一名教师。同时,将近一半(48.2%)的博士生认为,把教师作为职业规划的重点是一种现实的选择,而不仅仅是出于兴趣。特别是,在心理学、化学等学科,持有此观点的博士生比例大大超过了有志于成为教师的比例。此外,博士生在整个博士学习阶段对教学岗位的兴趣并不是永恒不变的,超过1/3(35.4%)的博士生表示对教师职业的兴趣下降了,而另外大约1/5(21.1%)的博士生表示兴趣逐渐加强。①

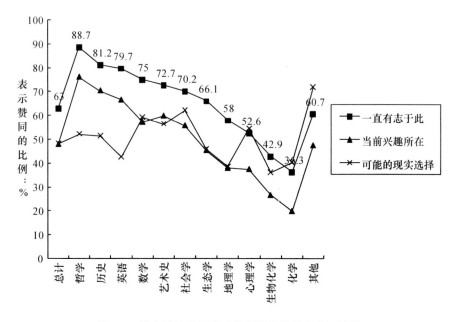

图4-2 博士学位获得者对教师职业的就业意愿统计

数据来源:GOLDE C M,DORE T M. At Cross Purposes:What the Experience of Today's Doctoral Students Reveal about Doctoral Education[R]. Wisconsin Univ. Madison,2001:Table 1。

---

① GOLDE C M, DORE T M. At Cross Purposes:What the Experiences of Today's Doctoral Students Reveal about Doctoral Education[OL]. http://www.phdcompletion.org/promising/Golde.pdf

4.2 就业地区

4.2.1 国际流动

如表4-4,20世纪70年代以来,持短期签证的博士学位获得者中明确计划滞留美国的比例大幅提高。从20世纪70年代初期到90年代末期,该比例从32.1%迅速提高到63.7%,几乎增长了一倍。如表4-5,从不同来源国家的情况来看,来自中国的博士学位获得者不仅人数最多,明确计划滞留美国的比例也最高。1995—1999年,持长期签证和短期签证的中国留学生人数仅大陆即达到了7548人,而滞留率也高达96.5%。

表4-4 博士学位获得者计划滞留美国的比例　　　　单位:%

	1970—1974	1975—1979	1980—1984	1985—1989	1990—1994	1995—1999
总计	90.6	90.7	90.1	89.5	87.6	89.6
美国公民	96.4	97.2	97.5	97.4	96.6	96.8
长期签证	89.2	91.2	92.1	85.6	87.3	92.0
短期签证	32.1	36.7	40.9	52.9	55.7	63.7

来源:THURGOOD L, GOLLADAY M J, HILL S T. U.S. Doctorates in the 20th Century, NSF 06-319[R]. National Science Foundation, VA 2006:Figure 6-6。

表4-5 计划滞留美国非美国公民博士学位获得者按来源国家(地区)统计

	总计	长期签证	短期签证	滞留比例(%)
中国大陆	7548	3635	3913	96.5
中国台湾	1734	361	1373	58.8
印度	4018	615	3403	93.0
韩国	1405	189	1216	57.1
加拿大	983	337	646	60.3

(续表)

	总计	长期签证	短期签证	滞留比例(%)
德国	607	216	391	68.7
英国	542	255	287	82.0
俄罗斯	491	132	359	90.9
日本	339	96	243	46.4
土耳其	318	51	267	57.6

数据来源：THURGOOD L, GOLLADAY M J, HILL S T. U.S. Doctorates in the 20th Century, NSF 06-319[R]. National Science Foundation, VA 2006：Figure 6-9。

从更长的时间来看，以2006年获得博士学位的留学生为例，虽然随着时间的推移滞留率有所下降，但即使到2011年，滞留率也仅下降了8个百分点。如表4-6，计算机、工程、生物等学科领域留学生的5年滞留率仍在70%以上，但农学、经济学、社会科学等学科领域的留学生由于初始滞留率就比较低，5年滞留率下降到了50%左右。

表4-6 不同学科2006年非美国公民博士学位获得者滞留美国的比例

单位：%

	2007	2008	2009	2010	2011
物理学	79	76	73	71	68
数学	76	75	74	69	67
计算机科学	83	81	80	81	79
农学	57	54	51	49	48
生命科学	79	77	75	73	73
计算机工程	83	82	80	79	77
经济学	53	51	48	47	46
总计	76	74	71	70	68

数据来源：FINN M G. Stay Rates of Foreign Doctorate Recipients from U.S. Universities 2011 [OL]. Table 2. http://orise.orau.gov/files/sep/stay-rates-foreign-doctorate-recipients-2011.pdf。

从五年滞留率的国际比较来看，中国大陆留学生仍然是滞留率最高的群体。如表4-7，在新世纪初期，获得博士学位5年后仍滞留美国的中国大陆留学生占到了90%以上，高于总体水平约30个百分点。但近年来,中国大陆留学生的 5 年滞留率开始出现明显的下降趋势,2009 年、2011 年已经分别下降到 89% 和 85%。

表 4-7 科学工程领域年非美国公民博士学位获得者毕业 5 年后滞留美国的比例

单位:%

	2001	2003	2005	2007	2009	2011
中国大陆	98	93	95	94	89	85
中国台湾	41	48	52	43	37	38
印度	89	90	89	83	79	82
欧盟	53	63	67	67	60	62
加拿大	66	63	60	56	53	55
南非	22	36	44	42	42	42
日本	24	39	41	33	40	38
墨西哥	31	22	32	33	35	39
巴西	26	26	31	32	33	37
总计	58	64	67	63	62	66

数据来源:FINN M G. Stay Rates of Foreign Doctorate Recipients from U. S. Universities 2011 [OL]. Table 7. http://orise. orau. gov/files/sep/stay-rates-foreign-doctorate-recipients-2011. pdf。

4.2.2 国内流动

从 20 世纪 70 年代初期到 90 年代末期,博士学位获得者明确计划留在博士培养单位所在州工作的比例从 37% 升至 46.7%,提高了近十个百分点。从不同学科角度来看,如图 4-3,教育学领域博士学位获得者计划留在本地工作的比例最高,这可能与其生源结构有关。

特别对美国公民和持长期签证者而言,从 1970—1974 年与 1995—1999 年这两个时间段来看,留在博士培养单位所在州就业的比例从 37% 提高到 49.1%,而离开培养单位所在州就业的比例从 63% 下降到 50.9%(见表 4-8)。

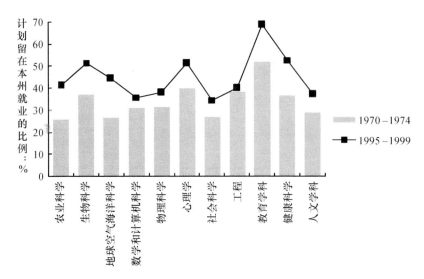

图 4-3　博士学位获得者在博士就读学校所在州就业的比例

数据来源：THURGOOD L, GOLLADAY M J, HILL S T. U.S. Doctorates in the 20th Century, NSF 06-319[R]. National Science Foundation, VA 2006：Figure 6-23。

表 4-8　美国公民和长期签证博士学位获得者地区流行性统计　　单位：%

	1970—1974	1995—1999
在博士就读学校所在州就业	37.0	49.1
博士、高中就读学校在同一个州	18.3	24.5
博士、高中就读学校不在同一个州	18.7	24.6
不在博士就读学校所在州就业	63.0	50.9
回到高中就读学校所在州	10.5	9.1
博士、高州就读学校在同一个州	14.1	9.9
博士、高中就读学校不在同一个州	38.4	32.0

数据来源：THURGOOD L, GOLLADAY M J, HILL S T. U.S. Doctorates in the 20th Century, NSF 06-319[R]. National Science Foundation, VA 2006：Figure 6-27。

美国研究理事会对1958—1967年67所大学的调查表明，博士学位获得者中博士和大学（本科）在同一所大学的占16%，大学（本科）在本州其他大学就读的占16%，大学（本科）在其他州大学就读的占55%，留学生占13%。从博士培养单位所在地和工作单位所在地的比较来看,在本州就业的占 33%,在其他州就业的占 57%,出国就业的占 10%,见图 4-4。

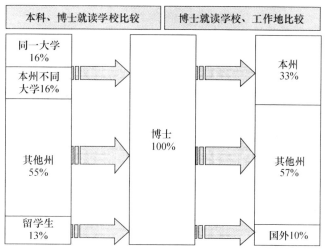

图 4-4　博士学位获得者地区流动性统计

数据来源:National Research Council (U. S.). Report on Doctoral Programs: Summary Data by Institution and Academic Field for sixty-seven United States universities / 1958-1967[R]. OSP-MS-1,1968。

4.3　就 业 部 门

大量研究都指出,从 20 世纪初到 20 世纪 50 年代,博士学位获得者在大学(学院)就业的比例从 70%—80% 下降到 60% 的水平,见表 4-9。其中,以 1958 年博士学位获得者为例,物理学博士学位获得者到大学(学院)就业的仅为 41%,但人文学科这一比例仍高达 82%,见图 4-5。从更长的时期来看,博士学位获得者在科研学术机构就业的比例也一直在下降,而在工商业部门就业的比例持续上升,见图 4-6。到 1995—1999 年,到学术机构就业的博士学位获得者已不足一半,而到工商业部门就业的已经接近 1/4。同时,从获得博士学位 1~4 年和 5~8 年的就业分布来看,继续留在学术机构就业的比例进一步下降,而到工商业部门就业的比例进一步提高,见图 4-7、4-8。

表 4-9　博士学位获得者高等学校就业比例　　　　单位:%

	就业比例:%	数据资料来源
1900 年前后	70~80	Ryan,霍普金斯大学、芝加哥大学、克拉克大学早期博士学位获得者 Walcott,1885 年到 1904 年博士学位获得者 Chase,哈佛大学早期博士学位获得者 Haggerty,芝加哥大学早期博士学位获得者
20 世纪 20 年代后期	70~75	John,1924 年后博士学位获得者 Haggerty,7 所主要大学博士学位获得者
20 世纪 30 年代	65	Hollis,20 世纪 30 年代博士学位获得者
1958 年	60	NRC,全部博士学位获得者

数据来源:BERNARD B. Graduate Education in the United States[M]. New York Toronto London:McGraw-Hill Book Company,1960:50。

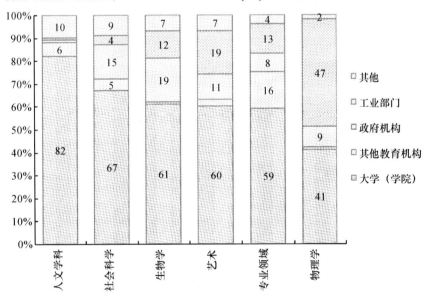

图 4-5　不同学科 1958 年博士学位获得者就业部门统计

数据来源:BERNARD B. Graduate Education in the United States[M]. New York/Toronto/London:McGraw-Hill Book Company,1960:50。

• 第四章 博士毕业生就业 •

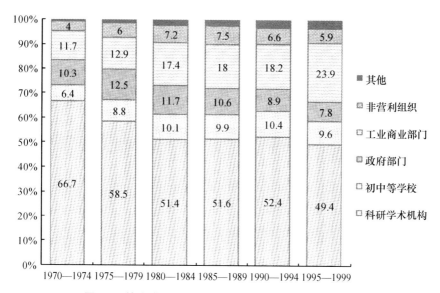

图 4-6 博士学位获得者 1970—1999 年就业部门统计

数据来源：THURGOOD L, GOLLADAY M J, HILL S T. U. S. Doctorates in the 20th Century, NSF 06-319[R]. National Science Foundation, VA 2006：Figure 6-19。

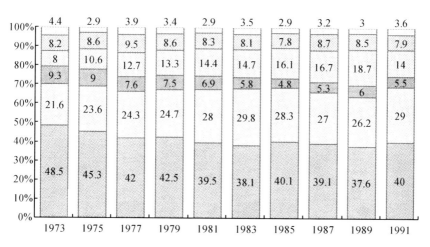

图 4-7 获得博士学位 1～4 年后的就业部门分布

数据来源：National Academy of Sciences, National Academy of Engineering, Institute of Medicine. Reshaping the Graduate Education of Scientists and Engineers[M]. National Academy Press, Washington, D. C. 1995：149。

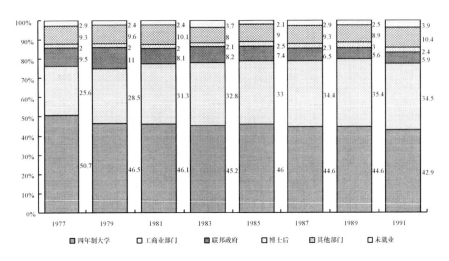

图 4-8 获得博士学位 5~8 年后的就业部门分布

数据来源：National Academy of Sciences, National Academy of Engineering, Institute of Medicine. Reshaping the Graduate Education of Scientists and Engineers [M]. National Academy Press, Washington, D.C. 1995:151。

此外，博士后越来越成为毕业博士职业生涯新的起点。如表4-10，从20世纪70年代到90年代，高等学校一直是博士后的主要接收者，但其所占比重从82.3%下降到77.7%，下降了4.6个百分点；与此相对应，到政府部门、工商业部门和非营利组织从事博士后研究的比例均有一定程度的提高。

表 4-10 美国博士后就读部门统计　　单位:%

	高等学校	政府部门	工商业部门	非营利组织	其他
1970—1974	82.3	8.0	1.0	5.8	2.9
1995—1996	77.7	10.4	3.7	7.3	0.9

来源：THURGOOD L, GOLLADAY M J, HILL S T. U.S. Doctorates in the 20th Century, NSF 06-319[R]. National Science Foundation, VA 2006: Figure 6-17。

如表4-11，从博士后的资助模式来看，奖学金和助研金是博士后最主要的经济来源，但从20世纪70年代到90年代，主要依靠奖学金的人数比例有了明显上升，而主要依靠助研金的人数比例有了明显下降。同时,女性主要依靠奖学金的比例明显高于男性,而主要依靠助研金的人数比例明显低于男性;比较而言,拥有美国公民身份的博士后更多地依靠奖学金,而持有短期签证的博士后更多地依赖于助研金。

表4-11 美国博士后经济资助类型统计 单位:%

	总计	男	女	美国公民	长期签证者	短期签证者
1970—1974						
奖学金	48.4	47.3	55.3	49.9	43.0	40.0
研究津贴	40.1	41.9	29	37.9	49.6	50.9
训练津贴	4.0	3.6	6.8	3.9	3.1	5.8
其他	7.5	7.3	8.9	8.3	4.3	3.3
1995—1999						
奖学金	53.1	48.7	60.5	56	53.9	44.9
研究津贴	36.8	41.4	28.9	32	37.9	49.2
训练津贴	2.8	2.5	3.3	2.6	3.0	3.3
其他	7.3	7.3	7.3	9.4	5.2	2.6

来源:THURGOOD L, GOLLADAY M J, HILL S T. U. S. Doctorates in the 20th Century, NSF 06-319[R]. National Science Foundation, VA 2006: Figure 6-13.

如表4-12,从博士后资助经费的来源看,政府部门是主要资助方,其次是大学(学院)。但从20世纪70年代到90年代,政府部门所占份额出现了明显下降,而大学(学院)所占份额明显提高。

表4-12 美国博士后经济资助来源统计 单位:%

	政府部门	高等学校	私营部门	非营利组织	其他
1975—1979	53.8	22.1	9.7	2.7	11.8
1995—1999	41.2	31.8	9.5	2.8	14.7

来源:THURGOOD L, GOLLADAY M J, HILL S T. U. S. Doctorates in the 20th Century, NSF 06-319[R]. National Science Foundation, VA 2006: Figure 6-15.

第五章　专业博士学位的发展

5.1　第一级职业学位[①]

美国作为世界上专业学位研究生教育最发达的国家,其颇具特色的第一级职业学位(简称 FPD)制度近年开始受到学界的关注,也产生了一些研究成果。但总体而言,目前对美国第一级职业学位的历史起源、实质含义等方面的认识仍存在一些盲点和误区。

5.1.1　起源与界定

从起源上看,FPD 这个概念可以说是美国"二战"后的一个发明。在 1950 年之前,First Professional Degree 的说法在美国是非常少见的。在美国的教育统计资料中,FPD 长期以来和本科学位合并在一起统计。1960—1961 年度,法学院、医学院等专业学院所提供的教育在统计上被正式认可为后本科教育,FPD 开始成为单独的统计类别。[②] 关于这一点,美国教育史的权威学者戈尔丁(Claudia Goldin)指出:"在 20 世纪之前,很多专业学位(例如医科、

[①]　本节主体内容原载于《教育学术月刊》,参见:沈文钦,赵世奎.美国第一级职业学位(FPD)制度分析[J].教育学术月刊,2011(7):23—27.

[②]　SNYDER T D. 120 Years of American Education: A Statistical Portrait [M]. Washington, DC: US Department of Education, National Center for Education Statistics, 1993:83.

法律)并不要求本科学位……在20世纪中叶之前,很多在第一级职业学位项目注册的学生同时也是本科项目的学生。"①

从外延上看,根据联邦教育部教育统计中心所制定的 CIP 目录,美国第一级职业学位总计有 11 种。分别是:脊椎推拿博士(D. C.,D. C. M.)、药学学士(B. Pharm)或药学博士(Pharm D.)、牙医博士(D. D. S.,D. M. D.)、足部医疗博士(Pod. D.,D. P.,D. P. M.)、医学博士(M. D.)、兽医博士(D. V. M.)、验光学博士(O. D.)、法学学士(L. L. B.)或法律博士(J. D.)、骨科医学博士(D. O.)、神学学士(B. D.)或神学硕士(M. Div.)和希伯来语与犹太法典研究硕士(M. H. L.,Rav)。②

从内涵上看,美国的第一级职业学位是和专门职业(Professions)联系在一起的。专业或专门职业(Professions)和一般职业(Occupations)不同,它指的是需要高深知识和专门训练并以服务伦理为导向的工作领域,一般包括律师、工程师、医生、牧师,等等。

在美国,第一级职业学位是从事上述专门职业的一种资格。也就是说,第一级职业学位中的"第一级"(First),指的是从事上述专门职业的最低资格要求。一般认为,第一级职业学位需要包含如下要素:一定时期的职前训练;为职业实践做准备的一定时期的、广泛的专业教育;第一级职业学位应当是唯一得到认证的学位;在颁发职业许可证时,第一级职业学位是唯一得到认可的学位。第一级职业学位和工商管理硕士(M. B. A.)及教育博士(E. D. D.)等应用性、职业性的硕士、博士学位不同的地方在于,第一级职业学位所对应的职业(律师、医生)是需要认证的,从事律师、医生行业必须事先获得执照(license),但从事企业管理、教育管理并没有这个要求,一个没有在商学院学习过任何课程的人同样可以

---

① GOLDIN C. A Brief History of Education in the United States [R]. Nber Historical Working Paper,1999(119):5-15.

② National Center for Education Statistics . Classification of Instructional Programs 2000 Edition[R]. A-63,2002.

参加企业管理工作。

和第一级职业学位相对,美国也有第二级职业学位(Second Professional Degree)甚至第三职业学位的提法。例如有学者指出,建筑学硕士可以被视为本专业的第二职业学位。[①] 法学硕士(L.L.M.)被视为法学领域的第二职业学位,法学博士(S.J.D.)被认为是法学领域的第三职业学位(Third Professional Degree)。同样地,神学领域的第一级职业学位是神学学士和神学硕士,第二职业学位是神学博士(D.Min.)。[②] 除了联邦教育部教育统计中心根据CIP目录所做的定义之外,美国人认为还存在一种宽泛的第一级职业学位。根据这种宽泛的定义,工程学学位也被纳入其中。尽管1929年的《威肯登报告》和20世纪60年代的一些报告都呼吁将工程教育提升到研究生教育的层次,[③]但长期以来,工程领域的第一级职业学位是本科。现在,越来越多的学者认识到,四年的工程学教育不足以造就优秀的工程师,美国工程研究院还为此呼吁将四年的本科学位作为工程学职前教育,将硕士学位作为工程学的第一级职业学位。还有学者呼吁工程学教育采取法学和医学的模式,成立和法学院、医学院一样的独立于文理学院的专门职业学院,负责研究生层次的工程教育。

5.1.2 规模与结构

美国大学教育数据系统(Integrated Post secondary Education Data System,IPEDS),是适用于高等教育财政和就学数据的主要联邦数据采集工具。几十年来,IPEDS对本科后的学位授予数据一直按照硕士、博士和FPD三种口径进行统计,CGS/GRE在调查

---

① LEE P R. Some Thoughts on the Education of the Future Practitioner [J]. Journal of Architectural Education,1987,40(2):42-44.

② LINCOLN T D. The Quality of Doctor of Ministry Education in 2002: What Program Directors Think [J]. Theological Education,2003,39(2):137-148.

③ 柯林斯.文凭社会:教育与阶层化的历史社会学[M].台北:桂冠图书股份有限公司,1998:212.

中也采用相同的口径。

(一) FPD 的规模

和研究型博士相比,美国各大学第一级职业学位的招生数更多。2007—2008 学年,美利坚大学(American University)法学院、波士顿大学法学院、布鲁克林法学院(Brooklyn Law School)、纽约大学法学院、加州大学哈斯汀法学院、洛杉矶加州大学法学院、哥伦比亚大学法学院、佛罗里达大学法学院、哈佛大学法学院、乔治敦大学法学院等 22 所院校的招生数都超过了 1000 名,其中哈佛大学法学院的招生数多达 1974 名。① 医学院的招生数相对较少,平均每所医学院每年招生 130~200 人。②

从美国 FPD 的规模发展来看,其总体规模一直远大于哲学博士。并且,FPD 的快速发展主要是在 20 世纪 70 年代,而哲学博士的快速发展是在 20 世纪 60 年代。也就是说,FPD 的规模扩张发生在哲学博士的阶段性扩张之后。在 2007—2008 年度,美国共授予 91309 个第一级职业学位。

(二) FPD 的结构

从学科结构来看,法律和医学相关类学位(M. D. ,D. D. S. 等)是美国第一级职业学位的主体。1963—1964 年度,法律博士的授予数为 9638 人,1964—1965 年度首次突破 1 万人,达到 10491 人。此后十多年间,法律第一级职业学位迅速发展,到 1976—1977 年度突破 3 万关口,达 32597 人。③ 1980 年法律和医学(M. D.)分别占第一级职业学位授予总数的 50.8% 和 21.2%,2008 年两者仍分别占 47.9% 和 17.1%。

时至今日,第一职位学位的结构仍以法律、医学两科为主体。

---

① American Bar Association (ABA). Legal Education Statistics[OL]. http://www.abanet.org/legaled/statistics/stats.html
② 段丽萍,汪玲. 北美国家医学教育的历史与现状[J]. 学位与研究生教育,2007(3):69-73.
③ American Bar Association. Enrollment and Degrees Awarded,1963—2008 [OL]. http://www.abanet.org/legaled/statistics/charts/statspercent20-percent201.pdf

2007—2008年度,美国共授予91309个第一级职业学位,其中牙医学博士4795个,医学博士15646个,法律博士和法学学士43769个,三者占所有第一级职业学位授予数的70%。

5.1.3　特点

美国的第一级职业学位种类比较多,但主要以法、医两科为主。因此这里重点以法、医两科为例,分析第一级职业学位的特点。

(一)法学学士(L.L.B.)与法律博士(J.D.)

美国是一个高度发达的法治社会,拥有庞大的律师群体。据2008年6月的统计数据,美国的3亿人口中,共有1180386名拥有执照的律师。也就是说,平均257人中就有1名律师,这一比例位居世界之首。[①] 如此庞大的律师群体,就是通过法学院来培养的。

美国的法学教育起点较早,但发展较为缓慢。1775年,美国有了第一所法学院,1801—1825年,美国只有3所法学院。[②] 当时大部分希望从事律师行业的人是通过学徒制来学习法律的。19世纪90年代早期,美国律师协会成立了法律教育分部,专门负责对法学院的教育进行认证。律师协会要求法学院必须满足如下要求：(1)只接收那些至少有3年大学教育的学生;(2)学生必须接受至少3年的全日制教育;(3)法学院必须至少有7500本以上的藏书;(4)必须有足够数量的全职教师;(5)法学院不能作为商业机构运作;(6)拥有完善的措施,提供高质量的教学。[③]

J.D.(Juris Doctor)升格运动。美国法律的第一级职业学位包括L.L.B.和J.D.(Juris Doctor)两种。在早期,法学院通常向毕

---

① BOWMAN R L. When a Law Degree is not enough: the Necessity of a Second Professional Degree for Lawyers [D]. Ph.D. diss., University of Iowa, 2010.
② BLEDSTEIN B J. The Culture of Professionalism: the Middle Class and the Development of Higher Education in America[M]. New York: Norton, 1978: 84.
③ CROTTY H D. The Accreditation of Law Schools [J]. The Journal of Higher Education, 1960, 31(6): 322-327.

业生颁发 L. L. B. 学位。很长时间内,法律教育都被视为本科教育。

根据美国律师协会 1961 年公布的调查数据,1960—1961 年度,在美国律师协会认证的 134 所法学院中,有 132 所颁发 L. L. B. 学位,仅有 16 所颁发 J. D. 学位。毕业生当中,有 8903 人获得 L. L. B. 学位,获得 J. D. 学位的仅有 532 人。① 也就是说,此时绝大部分法学院毕业生获得的是本科学位。1961 年,美国律师协会对所有 16 所颁发 J. D. 学位的法学院和另外两所法学院的院长展开了调查。在回答 J. D. 是本科学位还是研究生学位这一问题时,有 8 位院长认为它是"本科学位",仅有 2 位院长认为这是"研究生学位",而另外 8 位院长回避这一问题,认为 J. D. 是"第一级职业学位"(FPD),或"法律的第一个学位"(First Degree in Law)。但有一半(9 位)院长指出,J. D. 学位获得者在毕业典礼时可以佩戴博士帽。

从 20 世纪初期开始,美国法学家就在争论法律的第一学位应该被称为 L. L. B. 还是法律博士(J. D.),此后在 20 世纪 30 年代和 60 年代分别又掀起讨论的热潮。支持颁发 J. D. 的人认为,既然医学的第一级职业学位可以颁发 M. D.,那么法学也应该颁发 J. D.,而不是另一个本科学位 L. L. B.。②

1964 年,美国律师协会法学教育与律师资格部通过一项决议,建议"所有被美国法律家协会认可的法学院应优先考虑授予那些成功地完成了学业并已获得第一个法律职业学位的学生法律博士(J. D.)学位"。美国律师协会的建议很快被大多数法学院所采纳。到 1967 年,颁发 J. D. 学位的法学院暴增到 75 家,占当时所有 136 所法学院的 55%。这场运动被学者称为"法律博士运动"(J. D. Movement)。授予 J. D. 学位的一个主要动机是提高法学院毕业生的地位和声望。因为法学院毕业生如果只拿 L. L. B. 学位,不仅名

---

① STEIN J W. The Juries Doctor [J]. Journal of Legal Education, 1963(15):315-320.

② SCHOENFELD M. JD or LL. B. As the Basic Law Degree [J]. Cleveland Marshall Law Review, September, 1963:573.

称不好听,在政府部分、高校等单位就业时也会受到歧视。[①] 但当时法学院也认识到 J.D. 并不是传统意义上的博士学位,1967 年密歇根法学院的助理院长在宣布向所有毕业生颁发法律博士学位时,不得不特别予以澄清:"尽管这种学位并不是传统意义上的研究生学位,但由密歇根法学院授予这种学位是合适的,因为它至少是对获得学士学位之后学习的认可。"[②]

美国的 J.D. 升格运动对其他西方国家也产生了影响。加拿大和澳大利亚的一些大学已经开始模仿美国体制,抛弃传统的法学本科学位(L.L.B),代之以美国式的后本科学位法律博士(J.D.)。[③]北京大学法学院也在模仿美国模式,进行 J.D. 的培养,但将 J.D. 翻译成"法律硕士"。J.D. 是否属于博士学位?从美国的法学学位体系来看,学生获得 J.D. 后还可以继续攻读法律硕士(L.L.M.,即 Master of Laws)、民法硕士学位(Master of Civil Laws,MCL)、比较法博士学位(Doctor of Comparative Law,DCL)和法学博士(Doctor of Juridical Science,S.J.D. 或 J.S.D.)学位。L.L.M. 和 S.J.D.、M.C.L.、D.C.L. 都是学术学位。和 J.D. 不同,S.J.D. 学位的候选人需要撰写学位论文。但与 J.D. 相比,L.L.M. 和 S.J.D. 等学术型法学学位的地位并不高。

首先,进一步攻读上述学位的学生人数很少,且大多是已经在美国以外的国家和地区取得法律学位,甚至已经获得其他国家律师执照的人。攻读这两个学位的美国学生通常被同行认为是 J.D. 期间的学业成绩不佳或者所在的法学院排名靠后,才不得不继续在更好的法学院攻读法学硕士和法学博士,以弥补自身的不足。以 2007 年为例,该年度美国法学院的 43518 名毕业生中,进一步攻

---

① POWER G. In Defense of the JD[J]. Journal of Legal Education,1967(20):67-70.
② 〔美〕罗伯特·斯蒂文斯.法学院:19 世纪 50 年代到 20 世纪 80 年代的美国法学教育[M].阎亚林,李新成,付欣,译.北京:中国政法大学出版社,2003:338.
③ MWENDA K K. Comparing American and British Legal Education Systems[M]. Cambria Press,2007:1-34.

读高级学位的学生有931名,仅占2%。

其次,美国法学院中的大多数教授仅仅拥有J.D.学位。在法学之外的学术界,拥有Ph.D.学位是成为教授的必要条件;在法学院,拥有J.D.学位即可成为教授。

J.D.之后的法律教育既不被民众认可,也得不到相关协会的支持。在很多美国人看来,J.D.之后的法律教育其实是没有必要的。美国的律师协会(ABA)并不支持法学院举办后J.D.的法律教育。对于法学院从事的后J.D.教育,美国律师协会不予认证,只是要求法学院在不影响J.D.教育质量的前提下从事该类教育项目。

第三,法学硕士和法学博士项目所获得的资助也非常少,其质量通常也不能得到很好的保证。在这个意义上说,真正的法律教育始于J.D.也终于J.D.。但法律博士(J.D.)到底算不算我们所理解的博士学位呢?索思菲尔德(Schoenfeld)在1963年的文章中认为,法律博士(J.D.)属于专业博士(Professional Doctorate),S.J.D.则属于研究型博士(Research Doctorate)。美国学者帕帕斯(Pappas)持否定的观点,她指出:"J.D.并不是一个博士学位。事实上,在美国,J.D.之后的学位是L.L.M.,然后是博士学位(S.J.D.),有些法学院授予这两种学位。J.D.和L.L.B.所包含的准确标准和课程水平是本质上相同的,例如侵权法、刑法、法律证据、土地法。有讽刺的是,大多数美国法学院的J.D.毕业生没有上过法学理论(jurisprudence)课程!……课程的质量和水准,而不是在教育系统的学习年限才是衡量一个学位是否是博士学位的标准。事实上,美国的J.D.在1960年前是L.L.B.学位。很多美国的法学院都联系之前的L.L.B.学位获得者,让他们将学位转换成J.D.。那并不是博士学位。不过我也承认,美国的J.D.是在四年本科之后的,因此它是研究生学位……J.D.仅仅是名义上的博士学位。"另一位获得J.D.学位的学者也指出,将J.D.视为博士学位是"荒唐的",尽管法学院要求学生在攻读J.D.学位之前获得本科学位,但这个学位和法律无关,攻读J.D.学位的学生来自工程学、文学、社会学等学科,他们真正学习法律的时间也就是 J. D. 期间的三年。

从国际上看,一些西方国家也不承认美国的 J. D. 是名副其实的博士学位。在英国,法律的第一级职业学位是本科层次的法律学士(L. L. B.)。因此在一些英联邦国家,美国的 J. D. 被当成是法律学士(L. L. B.),因为两者都是第一级职业学位。[①]

(二) 医学类第一级职业学位

医学博士(M. D.)的发展。 除法律博士(J. D.)外,美国第一级职业学位授予数最多的是医学博士(M. D.)。2005—2006 学年,美国共授予 15925 名医学博士(M. D.)。18 世纪晚期和 19 世纪初,哥伦比亚、达特茅斯学院和哈佛的医学院就开始用医学博士(M. D.)学位取代了传统的医学学士(M. B.)学位。1811 年,哈佛开始给医学院毕业生授予 M. D. 学位,并且给之前的 M. B. 毕业生补授 M. D. 学位。[②] 18 世纪 60 年代,美国的费城和纽约成立了第一批医学院。但大部分的医生并不在医学院接受教育,而是通过学徒制的方式跟随别的医生实习。[③] 1893 年,美国约翰·霍普金斯大学医学院成立,这是美国第一所具有真正的大学水准的医学院。它要求入学者必须具有本科学位。[④] 1918 年,约翰·霍普金斯大学公共卫生学院成立;1924 年,耶鲁大学护理学院成立。一般来说,一个人在获得医学博士(M. D.)之后,还可以继续攻读医学领域的研究型博士。例如,荣膺 2010 年美国"青年科学家总统奖"的斯坦福大学医学院副教授吴(Joseph C. Wu)在 1997 年获耶鲁大学医学院 M. D.,2004 年获洛杉矶加州大学分子与医学药理学博士学位。

M. D. 之外的医学类第一级职位学位。 美国的医学教育于 19

---

① MWENDA K K. Comparing American and British Legal Education Systems[M]. Cambria Press,2007:1-34.
② POWER G. In Defense of the JD [J]. Journal of Legal Education,1967(20):67-70.
③ NONNER T N. Becoming a Physician: Medical Education in Britain, France, Germany and the United States, 1750—1945 [M]. New York: Oxford University Press,1995:20.
④ SOLBERG W U. Reforming Medical Education: the University of Illinois College of Medicine [M]. University of Illinois Press,2009:3.

世纪40年代以后才实行分专业培养。1840年以前,只设医学专业;1840年,牙医学科从医学中独立出来。骨科医学博士(DO)在19世纪晚期开始发展起来,它一开始是以医学博士(M.D.)竞争者的身份出现的。1898年,美国骨科医学院协会(The American Association of Colleges of Osteopathic Medicine,AACOM)成立。虽然牙医、骨科医师也属于医生,但他们却是分别在牙科学院和骨科学院被培养的。除了牙科博士和骨科博士之外,药学博士也是医学相关的第一级职业学位中的重要成员。2007—2008年度,美国共授予第一级职业学位91307个,其中12%来自药学领域。[①]

其他医学相关博士学位。除 M.D.和其他医学相关的第一级职业学位(如牙医博士、药学博士)外,美国也在"健康职业与相关临床科学"(Health professions and related clinical sciences)领域授予博士学位。2007—2008年度,美国在该领域授予博士学位9886个,其中物理疗法(Physical therapy/therapist)领域占5707人,听力科学1154人、医学与药物化学168人、兽医科学(Veterinary sciences)118人、自然疗法(Naturopathic)85人。美国研究生院理事会在2007年发布的专业博士工作小组报告(CGS Task Force Report on the Professional Doctorate)中将听力学博士(Aud.D.)、职业治疗博士(O.T.D.,doctor of occupational therapy)、物理治疗博士(D.P.T.)均视为专业博士。

通过与研究型博士(Ph.D.)、专业博士(Professional Doctors)、应用型硕士等学位类型的比较,我们可以对FPD的本质有更加清晰的认识。

首先,FPD不同于研究型博士或一般的博士。在美国的统计中,一般不将FPD纳入博士学位的范畴,而且FPD中包含了带Master头衔的学位(M.Div和M.H.L)和带学士头衔的学位(L.

---

① National Center for Education Statistics. The Condition of Education 2010[R]. NCES 2010-028,2010:122.

L. B.和 B. D.)。研究型/学术型博士要求候选人在原创性方面做出贡献并通过学位论文答辩,或者在艺术及其他学术性问题上提出原创性的计划或解决方案,既包括 Ph. D.,也包括教育博士(E. D. D.)、音乐艺术博士(D. M. A.)、工商管理博士(D. B. A.)、工程学博士、神学博士(D. M)等专业领域的博士。

其次,FPD 也不等同于一般的专业学位(professional degree)。从 FPD 的发展路径和制度设计来看,第一专业学位主要限在法律、医学、神学等事关社会秩序、宗教信仰、人类健康并且必须设置职业门槛的领域,而不是所有专业领域全面开花。

第三,FPD 也不等同于专业博士。美国研究生院理事会 2007 年发布的专业博士工作小组报告(CGS Task Force Report on the Professional Doctorate)将美国的专业博士分为三代,其中的教育博士(E. D. D.)、心理学博士(D. Psych.)、物理治疗博士(D. P. T.)和护理博士(D. N. P.,doctor of nursing practice)均不属于 FPD 的范畴。我国学界常常将 FPD 视为美国的专业博士,严格来说,这一类比是不够准确的。

5.2 第三代专业博士学位[①]

美国专业博士教育有着悠久的历史,一些项目甚至早于哲学博士就已存在。博士专业学位广泛分布在教育、商业、法律、心理、卫生、建筑等方面。就常见的专业博士学位而言,大致可以划分为三代:第一代专业博士学位大多出现在 20 世纪早期和中期,以临床医学博士(M. D.)、牙科博士(D. D. S.)和兽医博士(D. V. M.)为代表;第二代专业博士学位在第二次世界大战后得以快速发展,以法

---

① 本节主体内容原载于《北京大学教育评论》,参见:赵世奎,郝彤亮. 美国第三代专业学位的形成与发展:以理疗、护理专业博士为例[J]. 北京大学教育评论,2014(4):34—47.

律博士(J. D.)、药学博士(Pharm. D.)、教育博士(Ed. D.)、心理学博士(D. Psych.)和公共卫生博士(D. P. H.)为代表;第三代专业博士学位出现在20世纪90年代和21世纪初,以听力博士(Aud. D.)、职业治疗博士(O. T. D.)、物理治疗博士(D. P. T.)和护理博士(D. N. P.)为代表。①

特别是近二十年来,以专业实践博士为标志的第三代专业博士有了极为快速的发展,但这种快速发展并不是原有教育项目规模的简单膨胀,而是专业博士教育在项目设置、培养单位、培养目标等方面不断流变的产物。在所谓的第三代专业博士中,理疗和护理是发展最快、极具代表性的两个领域,笔者将主要从专业学位的演进、博士项目的弥散、培养单位的扩散和培养目标四个方面,重点选择这两个领域、对美国专业博士学位发展的这一新动向进行初步分析。

5.2.1 专业学位的演进

专业博士学位的形成和发展事关两个核心问题,一是为什么要演进,即究竟是什么力量推动了专业博士学位的产生和快速发展;二是如何演进,即专业博士学位是沿着怎样的路径、以什么样的方式产生并实现了快速发展。对于第一个问题,斯科特(Scott)和布朗(Brown)等人的研究发现,专业博士学位的产生和发展绝不是高等教育机构自身的"一厢情愿",而是与经济社会的发展密切相关,例如,大学使命和角色的变化、高等教育的大众化、知识生产模式的转型、职业发展对更高水平的知识和技能的需求,做中学(work-based learning)理念被广泛接受,等等。对于第二个问题,鲍威尔(Powell)和朗(Long)注意到,美国专业博士学位的发展和英国、澳大利亚等国家的情况存在显著的差异。传统上,美国专业

---

① Council of Graduate Schools. Task Force Report on the Professional Doctorate[R]. CGS: Washington, D. C. ,2007.

博士学位被认为是进入某些特殊职业领域的"资格"准备,大多数学位被划分为第一级职业学位。近几十年来,特别在卫生相关领域,一些新型的专业博士学位不断出现。但是,无论是在学习年限方面,还是在课程设置、就业去向等方面,不同专业学位之间都缺乏共性。① 为此,笔者选择理疗和护理两个典型领域,从历史的视角对其专业学位演进的过程进行探讨,以期揭示专业博士学位形成和发展的内在逻辑。

(一)理疗专业学位的演进:从短期培训项目到专业博士

理疗专业学位发端于职业培训。1894—1916年的脊髓灰质炎大流行后,波士顿整形外科医生拉维特(Robert W. Lovett)开始有组织地培训治疗脊髓灰质炎的专业人员。1917年,美国军队系统建立了学习期限为3个月的正式理疗培训项目。1918年,13所院校联合美国军队系统将该培训项目延长到6个月(620小时)。1922年,美国物理治疗师协会(American Physiotherapy Association,简称APA,American Physical Therapy Association的前身)统一将该培训项目的学习时限延长到9个月(1200小时)。

1927年9月,纽约大学(UYU)成为第一个开展提供理疗学士学位的大学。由于第二次世界大战等因素的影响,20世纪40年代理疗师和病人的比例一度达到1:251,对理疗教育的快速发展提出了迫切要求。同时,20世纪30—50年代也是理疗教育从单纯的岗位培训向学士学位教育全面转型的阶段,在此期间发展起来的54个物理治疗教育项目中,有35个项目提供资格证书,18个项目同时提供资格证书和学士学位证书,另有一个项目仅提供学士学位证书。到20世纪50—80年代,随着脊髓灰质炎的爆发,朝鲜、越南战争中大量伤员的出现,使得对本就不足的理疗服务人员的需求更加迫切。同时,以心脏移植为代表的医疗技术的突飞猛进发展,

---

① National Qualifications Authority. Review of Professional Doctorates, 2006 [R]. http://www.eua.be/eua/jsp/en/upload/Review% 20of% 20Professional% 20Doctorates_Ireland2006.1164040107604.pdf

对理疗从业人员的知识、技术的广度和深度的要求也越来越高。1960年,美国理疗师协会会员代表大会(APTA-HOD)正式通过决议,将学士学位作为理疗从业资格的最低要求。从1950年到1972年,理疗师资格培训项目从32个减少到15个,而学士学位项目从37个增加到55个。1975年,美国中学后教育鉴定委员会(the Council on Postsecondary Accreditation,简称COPA)和美国教育委员会(the US Commissioner of Education)认可了理疗师协会(APTA)的认证机构身份,其下属的理疗教育评价委员会(The Commission on Accreditation in Physical Therapy Education, CAPTE)授权独立开展理疗教育的认证工作,该委员会明确提出,将于2002年1月终止对非本科后教育项目的认证,但此时的本科后教育主要还是指硕士层次,理疗领域真正开始发展专业博士层次的教育始于20世纪90年代。

1992年,南加州大学(University of Southern California, USC)率先推出了理疗博士专业学位项目(DPT)。[①] 1995—1996年,第一个理疗专业博士项目(DPT)通过认证。到2004年7月,已经有半数以上的认证项目提供DPT博士层次的教育。[②]

在发展过程中,一些联邦法律的出台也客观上发挥了重要的促进作用。例如,1975年,美国国会为规范特殊儿童的教育,通过了《残障儿童教育法》(Education of All Handicapped Children Act, PL-94-142),明确规定将理疗师纳入常规教师配置。1990年,美国国会通过的《残疾人法案》(American with Disabilities Act, PL-101-336)提出理疗师要对残疾人群体发挥更重要的咨询作用,为理疗师提供了更多的就业岗位。这些都为理疗教育项目在1990年以后

---

① PLACK M M. The Evolution of the Doctorate of Physical Therapy: Moving Beyond the Controversy[OL]. http://www.paeaonline.org/index.php?ht=a/GetDocumentAction/i/69169

② Commission on Accreditation in Physical Therapy Education[R]. Evaluative criteria PT programs, 2014.

逐渐从学士学位升格到博士层次发挥了推动作用。

（二）护理专业学位的演进：从研究型博士到专业实践博士

直到20世纪初期，护理人员还主要依托医院内的培训系统，不拥有大学教育学位。1909年，比尔德(Richard Olding Beard)博士在明尼苏达大学开设了美国历史上第一个护理本科教育项目，成为现代高等护理教育的开端。该项目学制3年，除满足学校在入学、课程等方面的标准之外，还要求学生在医院病房进行每周56小时的实践学习。接下来，美国护理教育联合会(National League for Nursing Education，简称NLNE)开始致力于对护理学位教育的全面改革。1917年、1919年、1927年和1937年，NLNE先后四次出版了《护理学位课程标准》报告，鼓励降低学生在医院病房的工作时间，而增加科学课程的学习。

20世纪二三十年代，哥伦比亚大学和纽约大学在教育学院开始设立与护理有关的博士项目，但护理方面的课程并不多，该项目主要致力于储备护理专业教师，毕业生被授予(Ph.D.)哲学或教育博士学位。20世纪四五十年代，单独的护理本科教育在一些大学得以开展，对护理学教师的需求迅速上涨，由此也带来了合格教师的短缺。因为当护理人员培养由医院承担的时候这也许还不是问题，而高校普遍对教师资格有更高的要求，此时，拥有本科学位的护理专业教师仍然很少，拥有硕士学位的更少，而几乎没有人拥有博士学位，而拥有博士学位是大学教师的基本要求。20世纪50年代早期，越来越多的学者开始意识到，现有的哲学博士(Ph.D.)称谓是否适用于所有专门的职业，或者说，一些特殊职业领域是否需要建立一种单独的专业学位的概念和框架，如教育博士、公共卫生博士、护理科学博士等。一些大学(学院)陆续开始筹建博士教育项目的尝试。其中，波士顿大学率先推出了侧重临床实践的护理科学博士学位项目(the doctor of nursing science，DNS)，并于1963年培养出首届毕业生。有研究指出，DNS学位项目在入学标准、课程设置、学位论文选题等方面和哲学博士(Ph.D.)并没有本质区别

(Flaherty,1989)。而且,根据美国教育信息网络(USNEI)的分类标准,护理科学博士(DNS)和哲学博士(Ph. D.)、神学博士、科学博士(D. Sc./Sc. D.)等24种博士学位一样,同属于研究型博士(Research Doctorate)。① 紧随其后,加州大学旧金山校区(University of California at San Francisco)和美国天主教大学(the Catholic University of America)等也陆续开展了类似项目,匹兹堡大学(University of Pittsburgh)推出了临床护理Ph. D.项目。

20世纪70年代,一些新型的博士项目开始在老牌的护理学院出现。1979年,凯斯西储大学(Case Western Reserve University)、波尔顿护理学院(Frances Payne Bolton School of Nursing)尝试设立了专业博士项目——the doctor of nursing(ND),该项目主要面向大学毕业生招生,最初被划分在第一级职业学位(FPD),成为护理领域第一个真正意义上的面向实践的博士层次学位。2001年,肯塔基大学(University of Kentucky)护理学院开办了新型实践博士项目——the Doctor of Nursing Practice(DNP),但有学者研究指出,该项目在课程内容上和NP项目存在很大的相似性。②

对理疗和护理两个领域专业学位演进的分析表明,理疗专业博士学位教育经过了一个从职业培训、本科、硕士、一直到博士的自下而上层次不断提升的过程;而护理专业博士学位教育主要从研究型博士学位分化或者直接重构而来,并没有经过完整的层次提升过程。

5.2.2 博士项目的升格

早期的专业博士学位大多指第一级职业学位(First profes-

---

① Structure of the U. S. Education System:Research Doctorate Degrees[R]. International Affairs Office, U. S. Department of Education, 2008.
② CARTER M. The Evolution of Doctoral Education in Nursing. BARKER A M. Advanced Practice Nursing: Essential Knowledge for the Profession [M]. Jones & Bartlett Publishers,2009:31-41.

sional Degree)。近些年新出现的专业博士学位,通常被称为专业实践博士(Professional Practice Doctor,简称 PPD),或者临床博士(Clinical Doctorate)、专业博士(Professional Doctorate)。据美国伯克利大学祖斯曼(Ami Zusman,2013)教授的统计,截至 2012 年,这些新出现的 PPD 项目已经超过 500 个,年授予学位的人数就超过了 10000 人,年入学人数达到 35000~40000 人。[①] 这些新出现的 PPD 项目,大多数集中在健康相关领域,如听力博士(Aud. D.)、物理治疗博士(D. P. T.)和护理博士(D. N. P.)。其中物理治疗博士和护理博士的发展很有代表性。

理疗博士是发展最快的专业博士教育项目。直到 1998 年,学士学位一直是获得理疗从业资格的基本要求。2000 年,美国理疗学会(American Physical Therapy Association,APTA)提出,到 2020 年理疗博士学位(DPT)将成为进入该职业领域的"门槛"。2009 年 10 月,和理疗学会有紧密关系的理疗认证机构提出,到 2015 年 12 月 31 日,所有理疗教育项目必须转变为理疗博士。从 2002 年到 2013 年,如表 5-1 所示,理疗领域专业硕士学位项目数从 146 个减少到 1 个,相应的专业博士学位项目数从 67 个迅速增加到 238 个。[②]

表 5-1 理疗专业 2002—2013 年学位教育项目数分层次变化趋势 单位:个

年度	硕士层次	博士层次	总计
2002	146	67	213
2004	98	111	209

[①] ZUSMAN A. Degrees of Change: How New Kinds of Professional Doctorates Are Changing Higher Education Institutions[OL]. http://www.cshe.berkeley.edu/publications/degrees-change-how-new-kinds-professional-doctorates-are-changing-higher-education

[②] Commission on Accreditation in Physical Therapy Education. 2012—2013 Fact Sheet Physical Therapist Education Programs[OL]. http://www.capteonline.org/uploadedFiles/CAPTEorg/About_CAPTE/Resources/Aggregate_Program_Data/AggregateProgramData_PT-Programs.pdf

(续表)

年度	硕士层次	博士层次	总计
2005	74	135	209
2006	43	167	210
2007	25	185	210
2009	9	213	222
2011	5	222	227
2012	2	226	228
2013	1	238	239

数据来源:Commission on Accreditation in Physical Therapy Education. 2012—2013 Fact Sheet Physical Therapist Education Programs[OL]. http://www.capteonline.org/uploadedFiles/CAPTEorg/About_CAPTE/Resources/Aggregate_Program_Data/AggregateProgramData_PTPrograms.pdf。

相应的,如表 5-2 所示,从 2003 年到 2012 年,理疗专业硕士学位授予数从 3646 人下降到 240 人,专业博士学位授予数从 1473 人增加到 7758 人。

表 5-2　理疗专业学位授予情况　　　　　　　　　　单位:人

年度	硕士	博士	总计
2003	3646	1473	5119
2004	3014	1921	4935
2005	2431	2811	5242
2006	1924	3413	5337
2008	782	5027	5809
2009	883	5490	6373
2010	604	5807	6411
2011	343	6640	7423
2012	240	7758	7998

资料来源:Commission on Accreditation in Physical Therapy Education. 2012—2013 Fact Sheet Physical Therapist Education Programs[OL]. http://www.capteonline.org/uploadedFiles/CAPTEorg/About_CAPTE/Resources/Aggregate_Program_Data/AggregateProgramData_PTPrograms.pdf。

但是,如表 5-3 所示,理疗博士(DPT)项目的平均学习年限仅比硕士层次提高了 12 周,且主要体现在临床实践。同时,特别在公立学校,DPT 的学费有明显提高,但没有证据表明获得 DPT 学位会带来更高的收入,如果排除工作年限的考虑,有研究甚至发现DPT获得者的收入反而低于硕士专业学位。①

表 5-3 理疗专业硕士和专业博士认证项目的比较(2009—2010)

	硕士专业学位(N=29)	博士专业学位(N=170)
学习年限均值(周)	109.6(75—138)	121.9(64—164)
学生入学 GPA 均值	3.50	3.49
公立学校总学费均值(美元)	24793	40395
私立学校总学费均值(美元)	73520	83517

资料来源:Commission on Accreditation in Physical Therapy Education[R]. Evaluative criteria PT programs,2014:8,13,18。

护理博士(Doctor of Nurse Practice,DNP)的发展速度仅次于理疗博士。2001 年,肯塔基大学(University of Kentucky)护理学院开办了第一个护理博士(DNP)专业博士学位项目,并于 2005 年培养出首届 6 名毕业生。2004 年,美国护理学院协会(American Association of Colleges of Nursing,AACN)成员单位投票建议,到 2015 年所有高级护理人员必须通过护理博士教育项目产生,2006 年护理学院学会采纳了这一建议。AACN 指出,这主要是护理实践的知识含量越来越高,以及由此引发的对护理从业人员的素质要求越来越高。同时,AACN 也承认,之所以提高护理从业人员的"门槛",也是考虑到护理专业学位应该和其他健康相关的药学博士、理疗博士等在学位层次上具有可比性。② 在美国,职业收入越高,相对来说地位也高,律师和医生都是高收入职业。如果一个行业收入很高,那么,相应地,提高职业门槛的压力也就越大。同样,通过延长学制、升格的手段,均可以提高一门职业的社会地位,从

---

① ZUSMAN A. Degrees of Change:How New Kinds of Professional Doctorates Are Changing Higher Education Institutions[OL]. http://www.cshe.berkeley.edu/publications/degrees-change-how-new-kinds-professional-doctorates-are-changing-higher-education

② ZUSMAN A. Degrees of Change:How New Kinds of Professional Doctorates Are Changing Higher Education Institutions[OL]. http://www.cshe.berkeley.edu/publications/degrees-change-how-new-kinds-professional-doctorates-are-changing-higher-education

而该职业获得高收入的"合法性"也就更高。例如,门纳德(Louis Menand)分析指出,美国大学不允许法律、医学设置本科学位,其结果是,"它在曾经相对平坦的道路上设置了一个障碍,强迫未来的医生和律师在进入专业资格项目之前,接受四年的通识文理教育……这些专门职业变得更具有选择性,因此也提高了法律、医学……的社会地位。法律学生不再是寻找获得舒服职业生涯捷径的青少年;他们是大学毕业生,要求展示他们掌握了特殊的知识"。①

和理疗专业学位不同的是,护理专业硕士和博士学位在学习年限上存在很大的差别。平均而言,DNP 的学习年限要比专业硕士学位多出 21 个月的全时学习时间。就全国而言,获得 DNP 需要支出的成本接近专业硕士学位的 2 倍,在 2011 年,前者约为 59000 美元,后者约为 31600 美元。从收入来看,根据 2011 年的一项调查,同样在不考虑工作年限的情况下,DNP 获得者的年平均收入为 98826 美元,护理专业硕士学位获得者的年平均收入为 90250 美元,前者比后者多出 8500 美元。②

尽管护理认证机构 2010 年强调指出将不会停止同时对硕士层次教育项目的认证,但是,大多数护理学院仍然感受到了转向护理博士项目的压力。2005 年到 2008 年,正式开始招生的护理博士教育项目从 8 个跃升至 46 个。2011 年 7 月,美国护理学院学会(AACN)统计表明护理博士项目已经达到 137 个。也就是说,护理博士项目在 6 年的时间里增长了 85%,其中后三年增长了 66%。从 2008 年到 2010 年,DNP 项目入学人数从 3415 人迅速攀升到 7034 人。从专业认证的角度来看,美国高等护理教育评估委员会

---

① MENAND L. The Marketplace of Ideas: Reform and Resistance in the American University [M]. W. W. Norton & Company, 2010: 47.
② ZUSMAN A. Degrees of Change: How New Kinds of Professional Doctorates Are Changing Higher Education Institutions[OL]. http://www.cshe.berkeley.edu/publications/degrees-change-how-new-kinds-professional-doctorates-are-changing-higher-education

(Commission on Collegiate Nursing Education，CCNE)的报告指出，在2010年2月，通过认证的DNP项目还仅有18个，到2011年6月就达到了65个，增长了73%。[①] 2002年到2012年，护理博士项目从2个增长到184个，2011年DNP学位授予人数达到了1500人，而入学人数达到了9000人。

专业博士学位项目的快速扩散，特别是一些专业学位从硕士层次升格到博士层次，在满足了社会、学生、从业人员对高层次知识、技能需求的同时，也被一些学者称为是一场"破坏性"(disruptive)变革，认为这将不可避免地对学生、学院，乃至整个博士教育带来深远的负面影响。因此，必须对这种改革的效果做出全面的评估，并放弃或暂缓把博士层次作为进入职业领域基本"门槛"的硬性要求。这种破坏性首先表现在对学术性的冲击。[②] 例如，护理教育经过几十年的努力才从最初的一种岗位培训发展到在大学内部颇受重视的一个学科，如果大量举办以实践为导向的专业博士教育，在办学资源、经费紧张的大背景下，势必会对学术型博士教育项目造成挤压。同时，也有学者担心，如果单纯把一个硕士学位项目贴上博士的标签，而培养和认证标准不能做出实质性调整，无疑将导致"学历通胀"(degree-inflation)。[③]

5.2.3 培养单位的扩散

要实现专业博士学位项目规模的快速扩张，首先必须解决谁来培养这一根本问题。概而言之，是在研究型大学哲学博士培养

[①] UDLIS K A, MANCUSO J M. Doctor of Nursing Practice Programs across the United States: A Benchmark of Information. Part I: Program Characteristics [J]. Journal of Professional Nursing, 2012, 28 (5): 265-273.

[②] CHASE S K, PRUITT R H. The Practice Doctorate: Innovation or Disruption? [J]. Journal of Nursing Education, 2006(45): 155-161.

[③] UC Task Force on Planning for Doctoral & Professional Education: Report of the Subcommittee on the Professional Doctorate-Last Revised August 4, 2008[OL]. http://senate.universityofcalifornia.edu/underreview/MW2DivChairs_PDPE%20Report_Review.pdf

基础上附加专业博士培养的任务，还是在原先不具有博士学位授予权的大学（学院）拓展新的领地。下面笔者将以加利福尼亚州、明尼苏达州、北卡罗来纳州以及威斯康星州等为案例，对此问题进行分析。

传统上，加利福尼亚州博士学位授予权一直把持在加州大学手中，除了和加州大学联合培养，其他大学并没有独立授予博士学位的权力，目前加州大学和其他大学在听力博士、物理治疗博士、护理博士等博士教育领域的联合培养规模日趋扩大。明尼苏达大学系统（University of Minnesota System）提供听力博士（Aud. D.）、教育博士（E.D.D.）、音乐艺术博士（DMA）和理疗博士（DPT）四种专业博士的培养，专业博士学位主要由"旗舰"大学——明尼苏达大学双城校区（Twin Cities）授予。2007年，明尼苏达大学德鲁斯校区（University of Minnesota-Duluth）成功获得教育博士授权，打破了双城校区在专业博士学位授予上的垄断地位。在北卡罗来纳大学系统（North Carolina System），专业博士教育只在那些被卡耐基分类划分为强研究型（high research）、已经拥有博士学位授予权的大学开展。例如，东卡罗莱纳大学（East Carolina University）拥有理疗博士和牙医博士（DDS）的学位授予权，阿巴拉契亚州立大学（Appalachian State University）、威尔明顿校区（the University of North Carolina at Wilmington）和西卡罗莱纳大学（Western Carolina University）仅拥有教育博士的学位授予权，所有其他大学既没有开展专业博士教育项目，也没有打算谋求博士学位授予权。①

在威斯康星州，尽管在20世纪70年代初建立了包括13所大学在内的威斯康星大学系统，但早期，无论是哲学博士还是专业博士的学位授予权一直把持在麦迪逊校区（UW-Madison）和密尔沃

---

① Board of Regents of the University of Wisconsin System Office of the Secretary. Professional Doctorates in the UW System[OL]. http://www.uwsa.edu/bor/agenda/2008/november.pdf

基校区(UW-Milwaukee)手中。21世纪初,麦迪逊校区和史蒂文校区(UW-Stevens Point)已经分别开展了听力硕士教育项目(Master's in Audiology),尽管史蒂文校区并不具有博士学位授予权,但两个学校举办的该项目都非常成功。在认证机构建议将听力硕士升格为听力博士后,为了达到专业博士教育项目的认证标准,麦迪逊校区和史蒂文校区提出建立联合培养项目。2005年,威斯康星大学系统授权麦迪逊校区和史蒂文校区联合培养听力博士项目获得大学评议系统的批准,开启了其他大学和麦迪逊校区、密尔沃基校区联合培养专业博士的新模式。2009年以后,奥斯格斯校区(UW-Oshkosh)和欧克莱尔校区(UW-Eau Claire)联合开展护理博士教育项目获得批准,这是其他大学首次不依附于麦迪逊校区、密尔沃基校区而独立获得专业学位博士授权。截至目前,威斯康星大学系统总计有10个专业博士学位项目,见表5-4。威斯康星大学系统在2009年3月16日的一份报告中指出,美国专业博士教育正处于快速发展期,特别在健康和医药领域,在工作内容和认证标准的驱动下,一些专业学位急需从目前的硕士层次提升到博士层次。麦迪逊校区、密尔沃基校区其他学校联合办学,是促进新专业博士学位项目快速发展的关键。申请新的专业博士项目必须满足以下条件标准:(1)在该领域一般应已经拥有高质量的硕士教育项目;(2)在地域上要满足当地劳动力的需求;(3)要保证专业博士教育项目的开展不会对本科教育造成冲击和不利影响;(4)对于那些尚没有开展本科教育的新的专业领域,专业博士项目只能在麦迪逊校区和密尔沃基校区进行。[①] 为了探讨培养专业博士是否应该成为更多大学的使命,以及是否应大力发展专业博士教育,威斯康星大学董事会曾专门成立了一个工作组(task force)开展研究。工作组经过广泛调研,提出了两条基本原则:一是专业博士教

---

① University of Wisconsin System. Criteria for Approving the Establishment of Professional Doctorate Programs at UW[OL]. http://www.uwsa.edu/acss/planning/Doctorates_Spring09.pdf

育应该在更广泛的大学同时进行,二是应该继续采用不同大学联合培养的方式。

表 5-4 威斯康星大学系统专业博士学位项目统计

时间	项目名称	举办单位	办学性质
威斯康星大学系统成立前	医学博士(Doctor of Medicine)	麦迪逊校区	独立办学
	法律博士(Juris Doctorate)	麦迪逊校区	独立办学
1989 年	药学博士(Doctor of Pharmacy)	麦迪逊校区	独立办学
2005 年	听力博士(Doctor of Audiology)	麦迪逊校区/史蒂文校区	联合办学
2006 年	理疗博士(Doctor of Physical Therapy)	密尔沃基校区/拉克罗斯校区	联合办学
2008 年	理疗博士(Doctor of Physical Therapy)	麦迪逊校区	独立办学
2009 年以后	护理博士(Doctor of Nursing Practice)	麦迪逊校区	独立办学
	护理博士(Doctor of Nursing Practice)	密尔沃基校区	独立办学
	护理博士(Doctor of Nursing Practice)	奥斯格斯校区/欧克莱尔校区	联合办学

资料来源:Board of Regents of the University of Wisconsin System Office of the Secretary. Professional Doctorates in the UW System[OL]. http://www.uwsa.edu/bor/agenda/2008/november.pdf.

从专业领域的角度来看,在 2010 年所有拥有专业实践博士授予权的高校中,30%的高校在 2000 年前没有任何包括第一专业博士学位在内的博士教育授权,其中开展 DPT 教育项目高校的这一比例更是达到了 40%。2000—2010 年,在 155 所新获得专业博士学位授权高校中,仅有 13 所高校在 2010 年同时有 Ph.D.学位授予,2/3 的高校仅在某一个专业领域拥有博士学位授予权。2012 年,这 155 所高校开展的专业博士教育项目总计有 333 项,较 2010

年的244项增长了36%。^① 2013年,在总计216个理疗专业博士学位项目中,承办单位在卡内基分类中属极强研究型大学(very high research activity)、强研究型大学(high research activity)和博士大学(Doctoral/Research Universities)的分别为33个、27个和23个,合计83个,占项目总数的38.4;属硕士学位授予大学(Master's Colleges and Universities)的87个,占总数的40.3%。^②

此外,根据美国高等教育综合数据系统(IPEDS)对针灸(acupuncture and oriental medicine)、听力和语言(audiology/speech-language pathology)、计算机和信息科学(computer and information sciences)、护理(nursing)、职业治疗(occupational therapy)、理疗(physical therapy)和医师助理(physician assistant)七个领域的调查,这些新型专业博士教育学位项目承办单位在卡内基分类中属研究型大学的占45%,属博士大学的占8%,属硕士大学(学院)的占29%,其他占18%。^③

美国研究生院理事会在其报告中指出,在具有哲学博士学位授予权的研究型大学开展专业博士学位教育项目具有明显的优势。一方面,这些大学已经熟知如何为学生提供博士层次的系统训练;另一方面,在一个学科领域同时举办哲学博士和专业博士教育(护理科学博士和护理专业博士)可以实现优势互补,也为培养"双料(dual-degree)"博士提供了可能。^④ 特别对医学(如MD)和其

---

① ZUSMAN A. Degrees of Change: How New Kinds of Professional Doctorates Are Changing Higher Education Institutions[OL]. http://www.cshe.berkeley.edu/publications/degrees-change-how-new-kinds-professional-doctorates-are-changing-higher-education

② Commission on Accreditation in Physical Therapy Education. 2012—2013 Fact Sheet Physical Therapist Education Programs [OL]. http://www.capteonline.org/uploadedFiles/CAPTEorg/About_CAPTE/Resources/Aggregate_Program_Data/AggregateProgramData_PT-Programs.pdf

③ ZUSMAN A. Degrees of Change: How New Kinds of Professional Doctorates Are Changing Higher Education Institutions[OL]. http://www.cshe.berkeley.edu/publications/degrees-change-how-new-kinds-professional-doctorates-are-changing-higher-education

④ Council of Graduate Schools. CGS Task Force Report on the Professional Doctorate [R]. Washington, D.C., 2007.

他一些与健康相关的博士教育项目,不仅需要完善的医疗基础设施,生师比也必须控制在合理的范围。只有那些具有明显科研优势的医学院,才能更好地在教学中实现理论和实践的完美结合。但从现实情况来看,尽管传统研究型大学仍旧把持着专业博士学位项目的主导权,但已开始审慎的接受硕士学位授予大学加入到联合培养或单独培养专业博士的行列,特别在一些如原先的第一级职业学位那样具有很强从业"资格"培训色彩的专业领域,硕士大学和专业学院在专业博士培养中已占有较高的份额。

5.2.4 培养目标的差异

从培养模式、学业要求来看,专业博士学位大致可以分为两类:第一类是要求有学位论文、项目设计等"顶层体验(capstone experience)",这类专业博士学位和从业资格往往没有直接的联系,如教育博士(E.D.D.)、护理博士(D.N.P.)、职业治疗博士(O.T.D)等;第二类是没有学位论文、项目设计等方面的要求,这类专业博士学位往往以满足从业资格为目标,如法律博士(J.D.)、医学博士(M.D.)、兽医博士(D.V.M.)等。

在早期,现在意义上的专业实践博士(PPD)被称为第一级职业学位。当时,一些专门职业领域所需的专门人才,尚没有系统的本科教育项目加以培养,第一级职业学位的提法正是旨在弥补这种缺失。从内涵上看,美国的第一级职业学位是和专门职业(Professions)联系在一起的。专门职业和一般职业(Occupations)不同,它指的是需要高深知识和专门训练并以服务伦理为导向的工作领域,一般包括律师、工程师、医生、牧师,等等。第一级职业学位是从事上述专门职业的一种资格。也就是说,第一级职业学位中的"第一级(First)",指的是从事上述专门职业的最低资格要求。一般认为,第一级职业学位需要包含如下要素:一定时期的职前训练;为职业实践做准备的一定时期的、广泛的专业教育;第一级职业学位应当是唯一得到认证的学位;在颁发职业许可证时,第一级职业学位是唯一得到认可的学位。但是,第一级职业学位的培养过程,既不包含独立研究的内容,也不需要撰写学术论文和学位论文。①

2008年,美国国家教育统计中心(NCES)决定把博士学位重新分为研究型(学术型)博士、专业实践型博士和其他博士三种类型,明确了专业博士学位在美国高等教育体系中的地位。研究型(学术型)博士要求候选人在原创性方面做出贡献并通过学位论文答辩,或者在艺术及其他学术性问题上提出原创性的计划或解决方案,既包括 Ph. D. ,也包括教育博士(E. D. D.)、音乐艺术博士(D. M. A.)、工商管理博士(D. B. A.)、工程学博士、神学博士(D. M)等专业领域的博士。专业实践博士,也被称为"临床博士""实践博士""专业博士"。美国教育统计中心对博士学位类型的重新划分,并非意味着人们对学位类型划分的歧义就此消除,相反,教育统计中心允许大学在一些博士学位的类型归属上做出独立的判断。例如,美国教育统计中心在新的分类中把 E. D. D. 调整为研究型学位,而纽约州教育评议委员会仍旧把 E. D. D. 视为专业博士学位。② 美国研究生院理事会(CGS)在2007的专业博士工作小组报告(CGS Task Force Report on the Professional Doctorate)中指出,由于专业博士学位涵盖的领域过于宽泛,除了专业博士学位不同于哲学博士(Ph. D.)这一点,人们目前还很难对专业博士学位的特征做出精准的概括并达成一致。特别是,随着新型专业博士学位的兴起,其特征也更加复杂。但专业博士学位一般都体现出如下基本特征:(1) 强调对专业实践的要求;(2) 注重研究的应用性

---

① Board of Regents of the University of Wisconsin System Office of the Secretary. Professional Doctorates in the UW System[OL]. http://www.uwsa.edu/bor/agenda/2008/november.pdf

② Report on Options for Organizing Professional Doctorates at CUNY[OL]. https://www.cuny.edu/about/administration/offices/hhs/policy-briefs/Professional_Doctorates.pdf

或实践性;(3)致力于培养推动创新和发展的行业领导人才。[①]

专业实践博士尽管在名称上含有"博士"(doctorate)一词,但它们不仅区别于传统的研究型博士,也并非都沿袭了第一级职业学位的模式(架构),特别是不再如第一级职业学位那样仅仅作为满足职业资格的要求而存在。以理疗专业博士学位项目为例,威斯康星大学麦迪逊校区明确提出,该项目致力于满足毕业生从事病人护理、公共服务和终身学习等方面工作的需要;其次,理疗专业博士教育一般采取全时学习的方式;第三,理疗专业博士项目一般要求学生入学前已获得学士学位,但也有学校允许本校学生在完成前3年本科教育后即进入理疗专业博士项目学习,如宾州滑石大学(The Slippery Rock University)。

专业实践博士和哲学博士的典型差异,首先在于通过全国理疗资格考试(Physical Therapy License Examination)是理疗专业博士教育的重要目标,事实上,几乎所有学生都能够在学习期间通过这一考试;其次,几乎所有理疗专业博士项目的完成率都在90%以上,远远高于哲学博士;第三,理疗专业博士教育项目的学习年限一般都仅为本科后3年;[②]第四,临床实践是理疗专业博士学位项目教育的重要内容,如宾州滑石大学的理疗博士项目包括三个时段的临床实践课程:第一段安排在第二学年开学前的暑期,为期2周;第二段安排在第二学年的秋季,为期5周;第三段、第四段分别安排在第三学年的秋季(上学期)和春季(下学期),分别为15周。同时,在申请入学时,必须具有100小时及以上的理疗实践经验。[③]

全美排名第一的纽约大学护理学院同时举办Ph.D.和DNP项目,Ph.D.项目旨在培养从事护理科学学术研究的护理学者

[①] Council of Graduate Schools. CGS Task Force Report on the Professional Doctorate [R]. Washington, D.C., 2007.

[②] CAPTE Accredited Physical Therapist Education Programs[OL]. http://www.capteonline.org/apta/directories/accreditedschools.aspx?

[③] Doctor of Physical Therapy (DPT) Application Materials[OL]. http://www.sru.edu/academics/enrollment/graduate/pages/graduatephysicaltherapy.aspx

(nurse scholars)、护理科学家(nurse scientists),其胜任力的核心是发现和运用新知识所必备的基础理论、研究方法和分析方法,该项目强调博士生依托科研项目在导师指导下获得丰富的研究经验(research experience),最后要完成具有原创性的研究论文并通过答辩。DNP项目旨在培养从事高水平护理实践的护理人员(nurses),其胜任力的核心是将研究成果转化和运用到实践中所需要的批判能力、综合研究能力、对研究成果能否推广应用的判断能力,以及分解和整合新知识的能力,该项目强调博士生在临床专家的带领下获得丰富的实践经验(practice experience),最后要完成一个应用导向的护理实践项目设计。① 由此可见,护理博士项目(DNP)虽然没有如 Ph.D. 那样对学术原创性和系统学术训练的要求,但也要处处体现出学术性的要求。

---

① Compare DNP and Ph. D. [OL]. https://nursing.nyu.edu/academics/graduate/compare-dnp-and-phd

第六章 中国博士教育规模扩张的比较

6.1 博士教育规模的扩张

20世纪90年代以来,我国博士研究生教育的发展大致经历了两个快速发展的时期:第一个是1990年到1995年,第二个是1999年到2003年,这11年博士招生数较上年增长率都达到了20%左右。其中1994年、1999年、2000年、2001年和2003年的增长率均明显超过了25%,见图6-1。

6.1.1 规模扩张的路径

"二战"以来,美国博士教育规模扩张的路径主要依赖增加校均规模与培养单位数量、缩短修业年限、大力发展新兴学科、提高女性和留学生的比重等几个方面,但在不同时期各有侧重。20世纪60年代,有别于大学数量特别是社区学院的扩张这一整个高等教育大众化的推进策略,博士教育规模的发展主要是通过提高原有高水平大学的办学规模和缩短获得博士学位所需的时间来实现的。20世纪70年代以来,博士学位授予单位数增长缓慢,但校均学位授予规模稳中有降,博士教育规模发展主要依赖学科结构、性

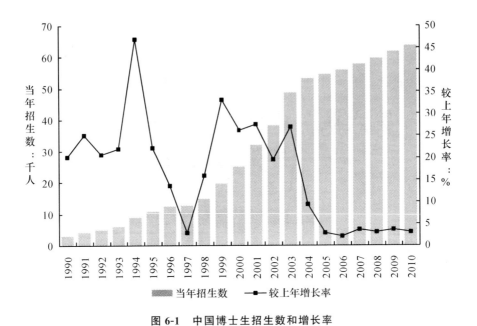

图 6-1 中国博士生招生数和增长率

数据来源:1990年—2000年数据来源于历年《中国教育事业统计年鉴》;2001年—2010年数据来源于教育部官方网站。

别结构和留学生比例等结构方面的调整。比较而言,我国博士教育规模扩张的路径主要依赖于校均规模和女性所占比重的增加,但不同学科的性别结构差异没有美国那样显著;学科结构调整在博士教育规模扩张过程中也没有同步进行,即主要依赖在原有学科基础上的"膨胀式"扩张。

1993年,国家教育委员会、国务院学位委员会《关于学位与研究生教育改革和发展的若干意见》提出:"学位工作和研究生教育的发展,要着力于提高研究生培养单位的规模效益、培养质量和办学水平,基本稳定现有学位授予单位数量。"原国务院学位办主任吴本厦曾经指出:"要发展,不是再增加很多新点,而是在老点规模的基础上,加以适当调整,增加少量急需的新点,发展数量主要靠增加每个点的平均招生数。办学规模效益提高了,培养的潜力还是很大的。"①从现实情况来看,我国博士教育规模的发展基本体现了这一思路。截止1990年底、2000年6月和2006年12月,全国有权授予博士学位单位数分别为248个(其中高等学校199所)、303个(其中高等学校216所)和346个(其中高等学校291所)。②有权授予博士学位的高等学校数从2000年到2006年仅增加了75所。如果考虑到2006年新增的15个博士授予单位还不可能培养出毕业生,可以判断1999年到2006年我国博士学位授予增长的路径与美国相似,首先也是依靠校均规模的扩大,其次才是博士授予单位的增加。

学科结构的调整一直是我国政府在博士教育发展规划中重点考虑的内容。例如,1986年,《国家教育委员会关于改进和加强研究生工作的通知》【(86)教研字030号】提出:"要加强人才预测,调整学科比例,加快财经、政法、管理等薄弱学科和直接为经济建设服务的应用学科的发展,扶持新兴、边缘学科的成长,鼓励跨学科招收研究生。"1995年,《国家教育委员会关于进一步改进和加强研究生工作的若干意见》(教研[1995]3号)指出:"按照国家经济建设和产业结构调整的需要,以及教育、科技发展的趋势来调整学科、专业结构,在研究生招生名额的调控和学位授权点的设置上加大学科、专业结构调整的力度。"教育部、国家发展改革委关于下达2004年全国研究生招生计划的通知(教发[2004]4号)要求:"各招生单位要按本通知确定的招生规模,做好分专业招生计划的安排。"教育部、国家发展改革委关于下达2009年全国研究生招生计划的通知(教发[2009]4号)提出:"坚决限制毕业生就业压力大、社会需求不足的学科和专业的招生规模。"但事实上,工学和理学一直是我国博士学位授予最多的两个学科门类,两者合计1999年和2006年分别占到了61.9%和51.5%;同时,1999年到2006年,除

---

① 吴本厦.对我国研究生教育和学位工作的几点思考[J].中国高教研究,1994(2):19-23.
② 中国学位与研究生教育三十年成果[OL]. http://cqv.chinadegrees.cn/xwyyjsjyxx/xw30/.

工学和理学所占比例分别下降了6.5和3.9个百分点,管理学和医学分别提高了3.6和3.3个百分点外,其他学科的变化幅度都在1%以内,学科结构调整的幅度并不明显。①

和美国不同,我国对博士研究生教育的基本修业年限有明确的规定。《国家教育委员会关于改进和加强研究生工作的通知》【(86)教研字030号】提出:"博士生的学习年限以三年左右为宜"。《关于加强和改进研究生培养工作的几点意见》(教研[2000]1号)提出:"实行弹性学制。博士生学习年限一般为3~4年,具体由培养单位自行确定。允许研究生分段完成学业,并规定学生累计在学的最长年限。"统计结果显示,2003届博士毕业生的平均修业年限为3.77年,在三年内毕业的比例占到了一半以上,在四年内毕业的博士生比例达到了80%。2008届博士毕业生的平均修业年限为4.15年,在三年内毕业的博士生比例下降到40%,在四年内毕业的博士生比例也下降到为67%。②

性别结构方面,我国不同学科的性别结构尽管也存在一定的差异,但并没有美国那样显著。1999年,博士学位授予中女性所占比例最高的医学和文学分别为31.7%和30.1%,最低的哲学和工学也达到了10.1%和13.7%;2006年,博士学位授予中女性所占比例最高的文学为47.9%,但最低的工学也达到了23.2%。留学生比例方面,即使到2011年,我国(大陆)授予境外人员博士学位总数也仅为1086人,其中学术型博士学位1053人,博士专业学位33人。并且,在授予的1053个学术型博士学位中,港澳台地区占424人,国外留学生仅为629人。③

---

① 根据历年分学科博士学位授予数整理。
② 赵世奎,沈文钦,张帅.博士修业年限及其影响因素分析——基于中美比较的视角[J].教育学月刊,2010(4):34-37.
③ 根据国务院学位委员会办公室提供的数据整理。

6.1.2 规模扩张的动力机制

美国博士生规模的发展是政府(联邦和州)政策、市场需求、院系决策以及学生选择共同作用的结果。比较而言,我国研究生招生计划一直由教育部、国家发展改革委等部门统一下达,地方政府并不具有招生自由裁量权,各博士培养单位招生录取人数一般不得超过国家下达的计划数。如果国家招生计划不增长,博士教育的规模扩张就不可能实现。因此,政府宏观计划的增长无疑是博士教育规模扩张的直接动因。但除此之外,是否还存在着其他的重要驱动力?

总体而言,高层次人才需求的增加和高校提高自身声誉地位的追求也是中国博士教育规模扩张的内因。但不同的是,美国政府通过科研资助和研究生资助这个"杠杆"间接实现了对博士教育规模的控制,而我国政府是通过招生计划直接规定了博士教育的规模,政府对研究生的资助长期在低水平运行;同时,我国博士生导师审批权下放,为博士生导师数量的快速增长创造了条件,适应并促进了博士教育规模的扩张。

(一) 政府宏观发展规划的调整

研究生教育作为国民教育的顶端,对其他层次的教育有着带动和引领的作用,是高层次创新型人才的主要来源和科学研究潜力的主要标志。原国务院学位办主任吴本厦曾经指出,社会主义建设新时期政治稳定、经济发展,迫切需要大批高层次专门人才,这是研究生教育持续发展的主要动力。今后我国高教事业将有较大的发展,必然要求高校师资有相应的发展,加上现有高校师资年龄结构老化,补充高校师资队伍,将是研究生教育的一项重要任务。同时,经济建设发展了,各方面对高层次专门人才的需求必然也要增长,这是研究生教育的又一项重要任务。[①] 李岚清同志指

---

① 吴本厦. 对我国研究生教育和学位工作的几点思考[J]. 中国高教研究,1994(2):19-23.

出,大幅度扩大高等学校招生规模,是 1999 年 6 月上旬(8 日)朱镕基总理主持召开的国务院总理办公会议决定的。为什么做出这样的决定?第一个原因就是我国持续快速发展的经济需要更多的高素质人才。① 从我国博士生招生规模的变化趋势来看,每次大的调整都与政府基于高层次人才需求对研究生教育政策的调整密切相关。

"文革"结束后,百废待兴,各级各类人才短缺、断层严重,高层次人才尤其匮乏。《学位条例》颁布实施的最初 5 年是我国研究生教育发展最快的时期,特别是 1984 年到 1985 年,博士生招生数从 492 人"井喷式"增长到 2633 人,②一年时间就翻了两番还多。

1993 年,国家教育委员会、国务院学位委员会《关于学位与研究生教育改革和发展的若干意见》提出:"90 年代研究生教育,在保证必要办学条件与治理效益的前提下要有一个较大的发展。2000 年在学研究生规模力争比 1992 年翻一番,其中博士生数量要有更大的发展。"在此目标指引下,1994 年博士生招生数较 1993 年的增长率达到了近 50%。

1995 年《国家教育委员会关于进一步改进和加强研究生工作的若干意见》(教研[1995]3 号)指出:"根据综合国力的增长,以及国家经济建设、科技进步和社会发展对高层次人才的需求,研究生教育应当保持一个适当的规模和发展速度。要在 1995 年招生规模的基础上,逐年增加招生数,到 2000 年时在校研究生达到 20 万人左右。"1996 年到 1998 年的三年时间,博士生招生年均增长率仅略高于 10%。

90 年代末期,科教兴国成为国家发展的基本战略方针,但随着我国经济、科技、教育及社会各项事业的发展,对研究生的需求已从高教、科研领域扩大到各行各业,高学位人才的需求缺口很大。

---

① 李岚清.李岚清教育访谈录[M].北京:人民教育出版社,2003:119.
② 吴镇柔,陆叔云,汪太辅.中华人民共和国研究生教育和学位制度史[M].北京:北京理工大学出版社,2001:484.

1999年，我国高校40万专任教师中，具有博士学位的只有1.5万人，仅占教师总人数的3.8%，北大、清华两校有博士学位的也不到30%。[①]1998年12月24日，国务院发布的《面向21世纪教育振兴行动计划》提出："在当前及今后一个时期，缺少具有国际领先水平的创造性人才，已经成为制约我国创新能力和竞争能力的主要因素之一；到2010年，高等教育规模要有较大扩展，研究生在校生规模应有较大的增长。"2000年《关于加强和改进研究生培养工作的几点意见》（教研[2000]1号）再次强调指出："研究生培养规模还不能很好满足社会发展对高层次人才的需要。"1999年开始，我国博士研究生招生开始步入第二个较长的快速增长期。

（二）博士生导师数量快速增长

我国在学位制度创立之初，实行由国家组织统一审核博士生指导教师的办法，博士生导师规模的增长一直非常缓慢。从1981年到1993年，国务院及国务院学位委员会五次审核批准了博士生指导教师8043名。其中，1984年8月国务院学位委员会委托教育部、中国科学院和中国社会科学院分别选择少数高等学校和科研机构，进行审批中青年博士生导师的试点工作。这次评审，选拔、特批了183位45岁左右的副教授成为博士生指导教师，壮大了博士研究生导师队伍，有力地支持了博士研究生培养规模的增长，1985年博士生招生数超过2600人。[②]1993年国家教育委员会、国务院学位委员会《关于学位与研究生教育改革和发展的若干意见》提出："选择不同类型的研究生培养单位，开展自主增列博士生指导教师的审核试点工作，以及不再评审博士生指导教师的试点。"在该次试点的基础上，我国博士生导师遴选办法先后进行了两次大的调整：第一次，从1995年起"国务院学位委员会不再单独审批

---

① 教育部研究生工作办公室，国务院学位委员会办公室.高层次人才培养的研究与探索[M].北京：高等教育出版社，2000：23.
② 吴本厦.筚路蓝缕，开拓创新——黄辛白同志对我国学位与研究生教育事业历史贡献的回顾[J].学位与研究生教育，2009(7)：1-5.

博士生指导教师,逐步实行由博士学位授予单位依据国务院学位委员会和国家教委的有关规定,在审定所属各博士点招收培养博士生计划的同时遴选确定博士生的指导教师的办法";①第二次,从1999年起"将博士生指导教师审核权下放给全部博士学位授予单位"。② 博士生指导教师审批权的下放,极大地促进了博士导师规模的发展。1999年到2010年,博士生指导教师规模从15656人迅速增长到59291人,年均递增近4000人,见图6-2。

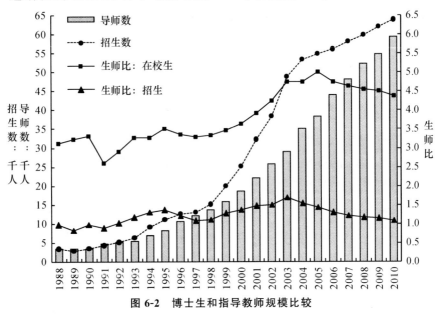

图6-2 博士生和指导教师规模比较

数据来源:1988年—2000年数据来源于历年《中国教育事业统计年鉴》;2001年—2010年数据来源于教育部官方网站。

国家教育主管部门在决定每个高校的招生名额时,是按照"基数+增长"的模式来决定的,而招生基数主要根据每个学校的博士生导师数量来决定。由此可见,博士生导师审批权下放,不仅扩大

---

① 《国务院学位委员会关于改革博士生指导教师审核办法的意见》(学位[1995]20号)。
② 《国务院学位委员会关于进一步下放博士生指导教师审批权的通知》(学位[1999]9号)。

了博士学位授予单位的办学自主权,也为博士生导师数量的快速增长创造了条件,适应并促进了博士教育规模的扩张。一位长期担任某985高校研究生院院长的学者曾经指出:"如果博士生导师还需要国家审批的话,博士生的培养规模能有这么大吗?现在博士生导师全国至少翻了几番,原来博士生导师总共就很少,虽然国家批了几批,但每次就批那么一点点,能像现在那样每年招5万名博士生吗?"①

(三)高校对提高自身声誉和利益的追求

在我国,学位授权制度的现实运作表现为利益相关者之间的博弈关系。一些单位和部门只从局部利益出发,不顾自身条件和可能,不把工作重点和主要精力放在扎扎实实地搞好自身建设上,而是盲目追求高层次,一味偏重多上博士点、硕士点。② 甚至出现了弄虚作假、找人托关系等不正常现象。在2005年第十次学位授权审核中,为提高学位授权审核工作的透明度,保证审核工作的公正和客观,首次对申报材料进行了网上公示。材料公示后,国务院学位委员会办公室共收到各种异议信件三百多封。③ 此外,从国务院学位办下发的一些文件中也可以窥出一些端倪,如1993年的《关于在学位授权审核工作中严肃纪律、杜绝不正之风的通知》(学位办[1993]34号)、1997年的《关于坚决制止学位授权审核工作中不正之风的通知》(学位办[1997]11号)、2005年的《关于排除干扰严肃纪律确保学位授权审核工作正常进行的紧急通知》(学位[2005]43号)。

那么,究竟是什么原因促使各单位对增加博士点、博士招生名额"趋之若鹜"?又是什么原因吸引学生在资助水平很低的情况下仍然选择攻读博士学位?

---

① 学位与研究生教育发展30年课题组,2004年访谈。
② 《关于坚决制止学位授权审核工作中不正之风的通知》(学位办[1997]11号).
③ 吴启迪.在国务院学位委员会学科评议组第十次会议上的讲话[J].学位与研究生教育,2006(1):1-9.

对于第一个问题,王善迈认为,在"综合定额加专项补助"教育财政拨款制度下,综合定额基本上依据在校生数和生均成本确定,在校学生数量成为拨款的基本依据,客观上助长了学校在数量上和程度结构(专科与本科、本科与研究生)上的盲目扩张和升级。① 但是,从博士生生均拨款标准来看,1984 年为 5000 元,1994 年、2003 年分别调整到 9000 元和 12000 元,考虑到通货膨胀因素,2003 年博士生生均标准 12000 元只相当于 1984 年的 3709 元。② 同时,据北京大学陈淑梅估算,北京大学博士生生均教育成本为 54071 元,在未区别科研成本的情况下,崔邦众博士对另一所大学计算的博士生生均成本超过 9 万元。③ 由此可见,博士生生均拨款在较长时期内不升反降,且大大低于培养成本,定额拨款并不是驱动博士教育规模快速扩张的主要力量。那么,各单位对增加博士点、博士招生名额"趋之若鹜"的原因可能在于博士点不仅承担着学术功能,更承载着学校的荣誉以及教授的利益。对此,王战军认为,对流动性资源(师资、生源以及相应的财政资源等)的竞争是高校进行学位点申报的核心动力。④ 陈子辰等人认为,学位点是高校获取人才(师资和生源)、财政(政府、企业、社会投资或捐赠)、物资等各项资源的重要基础。如果这一基础不改变,学位点市场的竞争状态就不会改变。⑤

对于第二个问题,可能的解释在于,除了经济资助之外,学生之所以选择攻读博士学位还有其他深层次的原因。国务院学位办的一份报告指出,随着我国人民生活水平的不断提高、本科生规模

---

① 王善迈.改革教育财政拨款体制,提高教育资源配置效率[J].教育研究,1995(2):20-22.
② 中国学位与研究生教育发展报告课题组.中国学位与研究生教育发展报告[M].北京:高等教育出版社,2006:75.
③ 卢晓东.研究生生均教育成本分析[J].等教育研究,2004(5):64-71.
④ 王战军,郑中华.基于价值分析的学位授权制度评估[J].公共管理学报,2008(2):106-111.
⑤ 陈子辰,王家平等.我国学位授权体系研究[M].杭州:浙江大学出版社,2012:13.

的扩大、人才市场的逐步发展,接受高层次教育的社会回报率显著增长,广大公众希望接受更高层次的教育和获得高学位的热情与愿望日益高涨,由此形成了一个新的、巨大的消费领域。[①] 鲍威2008年对北京地区高校高年级本科生的调查发现,"985工程""211工程"高校学生选择毕业后"继续读研"的比例分别为41.7%和34.7%。并且,在规模大幅扩增的背景之下,研究生入学动机也呈现多样化趋势。以往的学术导向升学者所占比重开始下降,取而代之的是在某种压力或约束之下,做出被动升学选择的非自愿型升学者的增加。[②] 笔者2010年对北京市属高校博士生的调查发现,在攻读博士学位的最主要动因中,选择"学术兴趣"的仅占43%,选择"就业压力"的占38.5%,选择"父母期待"的占9%。此外,"获得博士、硕士学位与评聘高级专业技术职务挂钩"的制度性规定特别对在职人员攻读博士学位也会带来显著的影响。

6.2 博士教育的质量保障

6.2.1 导师制度

自我国施行学位制度以来,高校一直实行严格的博士生指导教师选聘制度。对博导的要求是"本学科学术造诣较深的教授(或相当专业技术职务者)",并要求发表高水平的著作和论文。[③] 和西方国家相比,我国早期博士生导师资格认证的一个特点是与职称挂钩,而非以博士学位为基础,因此有些不具有博士学位、但学术水平高的学者也可以担任博士生导师。当然,这是特殊时期的一

[①] 《中国学位与研究生教育发展战略报告(2002—2010)》编写组.《中国学位与研究生教育发展战略报告(2002—2010)》(征求意见稿)[J].学位与研究生教育,2002(6):1-21.

[②] 鲍威,张倩.扩招后我国研究生入学选择的实证研究[J].复旦教育论坛,2009(5):5-11.

[③] 国务院学位委员会关于做好增列博士生指导教师审核工作的通知(学位[1992]31号).

个政策。近年来,我国逐渐打破了只有教授才可指导博士生的惯例。2003年,北京大学在全国高校中首开先例,遴选出了国内第一位副教授博导。① 该做法得到了国家有关部门的默许。2005年,北京大学选出的139位博导中,副教授占到1/3的"江山",共有49名,彻底打破了中国传统上博士生导师必须由有正教授职称教师担任的做法。尽管如此,在很多高校,教授职称仍然是博士生导师资格的前提条件。2011年2月,在教育部举行的"拔尖创新人才培养"新闻通气会上,清华大学研究生院副院长高策理透露,为吸引更多青年学者投身人才培养,清华今年将全面取消博导评聘制度,认同全体副高职称以上从事教学科研工作的教师均具有博士生指导资格,这意味着博导在清华只是一个工作岗位,不再是荣誉和地位的象征。②

从导师指导方式来看,我国长期以来实行单一导师制度。笔者参与的中国博士质量分析课题组2007年对20666名应届博士毕业生的调查结果显示,博士生接受单一导师指导的比例为3/4,其中最高的人文社会科学学科接近90%,最低的医学学科也仅为68.6%;而赞成这种单一导师指导方式的博士生仅占35.6%,其中,最高的人文社会科学学科也仅占45%左右,最低的医学学科仅为28.7%,见表6-1。不仅博士生呼吁改革单一导师制,很多博士生导师自身也意识到了单一导师制的局限,一位社会学教授就在访谈中指出,"博士生培养不应该采用师傅带徒弟的方式,应该成立指导小组,并且要跨学科,体现社会学的大融合"。③ 近年来,一些学校开始尝试推行双导师或导师小组制,但各高校并没有对双导师制或导师小组制作出明确的规定。值得指出的是,不管是指

---

① 北京大学研究生院.校学位评定委员会召开第71次会议齐利民成为北大首位副教授博导[EB/OL].研究生工作简报,2003.4. http://grs.pku.edu.cn/zhxx/gzjb/10116.htm

② 杨晨光.清华研究生院副院长解读:为何取消博导评聘制度[N].中国教育报,2011-2-28.

③ 中国博士质量分析课题组.对复旦大学A教师的访谈.2007年11月5—6日.

导委员会制度还是双导师制度，其中都必须有一位主导师，主导师是博士生指导的主要负责人，也是投入时间、精力最多的导师，他的角色和作用与单一导师制中的导师是类似的。

表 6-1 博士生对导师指导方式的评价 单位:%

学科	现状	博士生最赞成的指导方式		
	单一导师	单一导师	双导师制	指导小组
人文	88.8	45.3	22.9	29.8
社科	85.4	43.1	22.3	33.3
理学	77.4	38.4	24.3	36.2
工学	70.2	32.6	27.8	38.4
农学	72.8	31.7	21.5	45.6
医学	68.6	28.7	19.9	49.7
管理	83.7	41.1	25.3	32.0
合计	75.3	35.6	24.9	38.0

数据来源:中国博士质量分析课题组.中国博士质量报告[M].北京:北京大学出版社,2010:78。

植根于不同的教育传统和文化传统,英美体制(包括英国、美国、加拿大、澳大利亚)和欧陆体制(主要为德国、法国)在博士生导师的资格认定、指导方式、质量保障机制等方面均具有一定的差异。中国的博士生导师制度在某些方面接近欧陆,某些方面接近英美,某些方面又具有典型的中国特色。根据中国博士质量分析课题组对20666名应届博士毕业生的调查,80%以上的应届博士毕业生认为导师对自己撰写博士论文帮助"很大"或"较大",这表明我国博士生导师的学术指导质量总体上是有保障的。[①] 从比较的视角和实际调研情况来看,我国博士教育在导师的角色定位、资格确认、指导方式、质量保障机制等方面仍然存在一些有待改进之处。

首先,导师的角色定位方面,虽然我国一贯重视导师在博士生

---

① 中国博士质量分析课题组.中国博士质量报告[M].北京:北京大学出版社,2010:82.

培养中的作用,但与西方国家明文规定导师权责的做法相比,我国长期以来在国家和培养单位制度层面对指导教师责权的规定都是笼统说明多于具体细则。2006年以来,随着研究生培养机制改革的逐步深入,教育部和"教育规划纲要"都提出要建立以科学研究为主导的导师责任制和导师项目资助制,这无疑对明确导师的权责具有重要意义。但是,一方面,导师负责制并不等于"老板制",不是说导师对学生"管"的越多就越好,对不同学科、不同个性特征的学生必须区别对待,导师与学生之间的关系,可能是合作关系、单纯的指导与被指导关系,也可能是诤友;另一方面,由指导教师为所招收培养的研究生提供资助,虽然对约束导师的招生数量、增加博士生参与课题研究的机会等方面有一定的成效,但如果"一刀切",则会对科研经费本就欠缺的人文学科教师造成不利影响,并打压他们的积极性。

其次,导师的资格确认方面,我国学位制度建立初期,由于人才资源有限,只在部分高校和科研机构设立了少量博士生培养点,博士生导师都是从学术水平高的教授中选拔、经国务院学位委员会审批产生,这对保障当时的博士培养质量发挥了重要的作用。然而,随着我国研究生教育事业的快速发展和我国科学研究水平的提高,这些做法已经不能适应时代的要求。在各个学科领域,尤其是自然科学领域,一批高水平的中青年学者已经成长起来。他们虽然不具有教授职称,却完全具备指导博士生的能力和水平。杨振宁先生在中国科协2004年学术年会上曾经指出:"为什么一个讲师就不能带研究生呢?讲师活跃在科研的第一线,这样在最前线冲锋陷阵的年轻人是带研究生最好的人,而像我这个年纪已不是最好的人,因为我所做的研究已不在最前线。"[1]为了发挥副教授在博士生培养当中的作用,我国已经有一些学校开始副教授担任

---

[1] 姚莉莉,翁朝健.杨振宁质疑博导制度 赞中国本科教育世界一流[EB/OL]. http://news.sina.com.cn/o/2004-11-21/21534304528s.shtml

博士生导师的探索,但大多数高校仍将教授职称作为评定博士生导师资格的前提条件。

第三,导师的指导方式方面,我国所有学科均以单一导师制为主,双导师、导师小组制等国际通行的制度还没有为我国大多数的高校所采纳。推行双导师或指导小组制度,可以使博士生得到具有不同研究风格、学术专长导师的指导,拓宽其知识眼界,提高他们从事跨学科研究的能力,同时把主导师从一些不必要的环节中解脱出来,专注于对博士生研究计划和论文的指导;对于副导师或指导小组成员而言,通过参与指导过程和承担部分指导工作,也可以帮助他们开拓学术视野和积累指导经验。同时,在交叉学科迅速发展和学科交叉逐渐成为知识创新重要手段的趋势下,应破除"申请人原则上只能在一个学科专业指导博士研究生"的传统规定,积极鼓励和吸引其他相关学科教师参与对博士生的指导,而双导师制或导师指导小组制无疑是实现这一目标的前提。

第四,导师指导的质量保障方面,近年来我国推行的研究生培养机制改革,客观上对博士生导师的招生数量起到了明显的限制作用,生师比已经不再是博士教育中的主要问题,但师生之间缺乏交流的问题(特别在一些人文社会科学学科)还比较突出。要改变这种局面,除了实行双导师制或指导小组制,还要从管理制度上进行改善,如建立导师"接访日"制度等。其次,学术水平并不是好导师的充分条件,对学生的管理方式、指导技巧等都是影响指导效果的重要因素,因此对导师进行培训是必要的,这也是国际通行的做法。第三,特别在我国博士授权单位规模庞大、办学水平存在较大差异的情况下,放宽博导遴选范围的改革并不等于全面取消对博导资格的审查,有关研究生教育主管部门和博士培养单位应继续有选择地承担起博士生导师资格审查的责任。

6.2.2 修业年限

和美国不同,我国对博士研究生教育的基本修业年限有明确的规定。《国家教育委员会关于改进和加强研究生工作的通知》【(86)教研字030号】提出:"博士生的学习年限以3年左右为宜"。《关于加强和改进研究生培养工作的几点意见》(教研[2000]1号)提出:"实行弹性学制。博士生学习年限一般为3～4年,具体由培养单位自行确定。允许研究生分段完成学业,并规定学生累计在学的最长年限。"

从对我国博士生自入学到毕业的时间统计来看,2003届博士毕业生的平均修业年限为3.77年,其中工学最高,为4.14年。在三年内毕业的比例占到了一半以上,其中比例最高的医学学科达到了近80%,比例最低的工学学科也在近1/3的水平;在四年内毕业的博士生比例达到了80%,其中比例最高的教育学和文学达到了90%以上,比例最低的工学也达到了70%以上,如表6-2所示。到2008年,随着直博生、硕博连读生比例的提高和各博士培养单位陆续将博士教育学制延长到4年,实际修业年限也相应出现了延长的趋势,平均修业年限达到了4.15年,其中工学达到了4.5年。在三年内毕业的博士生比例下降到40%,下降了10个百分点,其中工学仅为1/4。在四年内毕业的博士生比例也仅为67%,但法学、教育学和文学的这一比例达到了85%以上,而工学和理学尚不足60%,如表6-3。

表6-2 2003届毕业生修业年限　　　　　　　　单位:%

	≤3年	4年	5年	6年	≥7年	均值:年
哲学	68.4	16.2	9.6	3.1	2.7	3.55
经济学	59.8	27.7	8.5	2.7	1.3	3.58
法学	65.3	22.9	8.2	2.2	1.4	3.51
教育学	77.5	15.2	3.9	3.1	0.4	3.33
文学	73.8	18.4	4.8	2.0	1.0	3.38
历史	65.9	22.0	9.1	1.8	1.4	3.51

(续表)

	≤3年	4年	5年	6年	≥7年	均值:年
理学	54.8	24.3	15.1	4.3	1.5	3.73
工学	31.4	39.3	18.1	7.3	4.0	4.14
农学	65.7	23.3	7.4	2.5	1.1	3.49
医学	78.5	10.2	10.0	0.9	0.5	3.34
管理学	49.9	32.4	10.4	4.5	2.9	3.79
合计	53.2	26.9	13.1	4.3	2.6	3.77

数据来源:根据国务院学位办学位授予信息数据库整理。

表6-3 2008届毕业生修业年限 单位:%

	≤3年	4年	5年	6年	≥7年	均值:年
哲学	55.7	23.0	11.2	6.3	3.7	3.81
经济学	52.0	22.3	12.5	6.9	6.3	3.95
法学	58.6	23.0	8.7	6.8	3.0	3.73
教育学	65.7	19.5	9.8	3.5	1.5	3.56
文学	59.6	24.9	8.3	4.3	3.0	3.67
历史	55.2	22.6	10.5	7.1	4.6	3.85
理学	37.5	20.6	26.1	11.4	4.5	4.26
工学	24.9	30.8	24.8	12.3	7.2	4.49
农学	51.2	23.2	17.8	5.6	2.3	3.82
医学	66.5	19.6	10.5	2.3	0.9	3.51
管理学	36.6	28.3	16.6	10.9	7.7	4.27
合计	40.3	25.4	19.6	9.4	5.2	4.15

数据来源:根据国务院学位办学位授予信息数据库整理。

按照通行的计算方法,美国修业年限的统计是从研究生入学开始计算,实际上包含了攻读硕士学位的时间。我国博士学习方式主要有全脱产、半脱产和在职学习三种,对于全脱产学习的博士生,很少有像国外那样暂时中止学业然后再重返校园的情况,因此其从入学到毕业的时间类似于美国的RTD,而对于半脱产和在职学习的博士生,其从入学到毕业的时间类似于美国的ETD,但这部分学生所占比例较小。如果考虑到我国博士生大约2年的硕士学习时间,则我国博士修业年限与美国相比大约要短1~2年。但在某些学科,如经济学并没有明显差异。

美国博士修业年限在不同学科间的差异性明显高于我国,其中人文社会科学博士的修业年限明显高于自然科学和工程类博士,而我国人文社会科学博士的修业年限反而低于理学和工学博士,这反映了两国人文社会科学博士在研究方法、训练过程和要求上存在较大差异。其次,美国博士生的经济自立意识较强,而人文社会科学博士生又相对难以获得资助,这也是美国人文社会科学博士修业年限较长的重要原因。

近年来,美国许多大学已经开始对博士教育的修业年限做出明确规定,并为此采取了一些措施,如要求导师定期对学生进行定期指导,一些研究所允许学生提交 3 篇研究论文来替代博士论文,通过学费减免、提供资助使学生能专心完成论文,将研究方向相近的学生组成写作小组等。较为典型的是,普林斯顿大学为两千多名博士生提供了通过免除学费、每年最高 3 万美元奖学金的财政资助,积极为学生专心博士学习创造条件,通过这一措施,普林斯顿大学的博士生在读期间只需要讲授一两门课程就可以了,这样,他们就可以将最主要的精力用在博士论文写作上面。这一政策已经初见成效,到 2007 年,其人文学科博士生的平均修业年限已经从 2003 年的 7.5 下降到 6.4 年。在我国,以 2006 年南开大学在全国率先打破博士生"零淘汰率",对 28 名超期未毕业博士生按结业处理为标志,也开始对最长修业年限做出明确规定,但考虑到不同学科的差异性,采用"一刀切"的办法把这个年限规定为六年或七年是否科学仍值得商榷。

总之,为了保证博士教育人才培养的质量,一定的修业年限是必要的,但作为大学内部效率的重要指标,过长的修业年限无论对学生还是学校都是一种资源浪费。尽管如此,缩短修业年限的重点应该是在尊重人才成长规律和不同学科特点的基础上从培养过程、保障条件入手,而不是简单通过硬性规定修业年限这种约束性手段,否则势必牺牲教育质量。

早在 20 世纪 90 年代初期,我国有关部门就已经认识到建立研究生淘汰制度的必要性。例如,1994年国务院《关于〈中国教育改革和发展纲要〉的实施意见》提出要"建立合理的淘汰制和优秀学生奖励制等教育教学制度,大面积提高教育质量",2000年教育部《关于加强和改进研究生培养工作的几点意见》文件提出"培养单位可规定学位论文有一定的一次答辩不通过率"。此外,从民意来看,马桂敏等人2004年对某高校160名导师的问卷调查表明,90.6%的导师认为应当推行博士生淘汰制。[1] 但是,直到近年来,一些博士培养单位才引入了博士生淘汰制度。目前对博士生的淘汰主要采取了两种方式,一种方式是通过综合考试或资格考试的方法来进行淘汰;另一种方式是"学制淘汰",即对那些没有在规定年限内完成博士论文并通过答辩的博士生予以淘汰。采取前一种方式的培养单位非常之少,根据我们的了解,仅有北京大学的经济研究中心采取了这一做法。采取第二种方式的高校比较多,例如,南开大学从2006年到2009年通过学制淘汰的方式淘汰了168名博士生,北京航空航天大学2010年对2002级的30名超过修读年限的博士生做出了退学的决定,华中科技大学最近也提出拟清退307名"超学时"研究生(含硕士)。

客观来讲,对超最长学习年限研究生给予退学处理,显然并没有触及淘汰制的本质。如前所述,美国的博士生事实上是没有年限限制的,尤其是人文社会科学有相当一部分博士生的修业年限超过10年。

最近十多年,我国博士教育规模快速增长,目前已经成为仅次于美国的博士生教育大国,但我国的博士培养质量尤其是博士生的创新能力与西方高等教育强国相比仍有相当大的差距,提高博士培养质量已经成为今后博士生教育发展的最为重要的目标。要提高博士培养质量,借鉴美国的经验和做法,建立博士生教育的退出机制和淘汰机制是非常必要的,只有这样,崇尚竞争和注重质量

---

[1] 马桂敏,等.研究生教育淘汰制问卷调查[J].高等工程教育研究,2004(1):63-66.

的文化才能建立起来。并且,随着硕博连读生在招生中比重的增加,客观上为博士生退出机制的实施创造了条件。同时我们也要认识到,受我国文化传统的影响,淘汰过程中学生本人和导师可能会遇到来自家庭、社会等多方面的阻力,要实施淘汰制,必须建立完善的博士生退出机制,同时制定比较完善的有关淘汰制度的政策法规,克服人情因素的负面影响。

6.2.3 经济资助

美国博士生的学习成本较高,但资助体系比较健全,形成了一个包括联邦政府部门、州政府、基金会、企业、个人等在内的复杂的资助网络,即使对于那些全身心投入学习的博士生,平均获得的资助强度也足以满足学杂费之外的生活需要,一些顶尖大学甚至能够为全部博士生提供全额资助。[①] 2000 年,美国研究生联合会(National Association of Graduate Professional Students,NAGPS)对全美 400 所大学中近 5000 个博士教育点的研究生开展了问卷调查,共有 32000 名学生返回问卷。问卷调查结果表明,物理科学、生命科学对资助表示满意的比例均为 73%。相比之下,人文社会科学研究生对资助的满意度要低一些,人文学科、教育学、社会科学的满意度分别为 55%、58%和 59%。[②]

在我国,博士生资助不足所导致的巨大生活压力一直被广为诟病。1985 年以来,我国教育事业费拨款实行"综合定额加专项补助"的方式。随着"211 工程""985 工程"的实施,部分高校的专项经费迅速增加,其中涉及研究生教育的比重较大,但部委所属高校研究生计划的财政拨款增长缓慢。1984 年和 1994 年博士生生均拨款标准分别为 5000 元和 9000 元,2003 年调整到 12000 元,但考虑到通货膨胀因素,2003 年博士生生均标准 12000 元只相当于

---

① 〔美〕阿特巴赫. 美国博士教育的现状和问题[J]. 教育研究,2004(6):3-41.
② Midwestern Association of Graduate Schools. Show Me the Money: Funding Graduate Education[R]. Proceedings of the 59th Annual Meeting, 2003.

1984 年的 3709 元。① 1995 年《国家教育委员会关于进一步改进和加强研究生工作的若干意见》(教研[1995]3 号)明确指出,"国家经费投入不足"是研究生教育进一步发展面临的"较为突出的问题"。

在研究生教育质量较高的美国和英国,给予学术型研究生的政府拨款主要是整合在其科研拨款体系中。美国非贷款类资助重点支持学术型研究生尤其是博士生的培养,很大比例博士研究生通过教授的研究项目所提供的助研奖学金获得支持。② 长期以来,我国政府虽先后提出了"运用奖学金等经济手段,对招生数量、培养类型和就业动向进行调控"③,以及"改革研究生经费使用办法,稳步推广研究生兼助教、助研、助管(简称三助)制度"④的政策主张,但对研究生的资助主要还是依赖"普通奖学金"这单一的途径。

1991 年,国家教委、财政部关于印发《普通高等学校研究生奖学金制度试行办法》的通知(教财[1991]98 号)规定,我国博士研究生普通奖学金标准分为每月 90 元、100 元和 110 元三个档次。⑤ 1994 年,根据国家教委、财政部《关于印发〈普通高等学校研究生奖学金办法〉的通知》(教财[1994]50 号)的规定,博士研究生普通奖学金的标准分别调整为每月 190 元、210 元和 230 元。1996 年,根据《国家教委 财政部关于提高普通高等学校研究生奖学金标准的通知》(教财[1996]85 号)的规定,博士研究生普通奖学金的标准进一步调整为每月 240 元、260 元和 280 元。此后,直到 2009 年,教育部、财政部《关于提高中央部委所属普通高等学校博士研究生奖学金标准的通知》(教财函[2009]20 号)才将博士研究生普通奖

---

① 中国学位与研究生教育发展报告课题组.中国学位与研究生教育发展报告(1978—2003)[M].北京:高等教育出版社,2006:75.
② 王蓉,魏建国.关于改革我国研究生教育投入体制机制的政策建议报告[OL]. http://ciefr.pku.edu.cn/publishsinfo_1756.html
③ 国家教育委员会、国务院学位委员会《关于学位与研究生教育改革和发展的若干意见》(1993-2-8)
④ 《国家教育委员会关于进一步改进和加强研究生工作的若干意见》(教研[1995]3 号).
⑤ 国家教委、财政部关于印发《普通高等学校研究生奖学金制度试行办法》的通知(教财[1991]98 号).

金标准统一提高到1000元/月。北京、上海、福建、河南等地省（市）属高校陆续参照此通知精神对博士生奖学金做出了调整，如河南省从2010年9月起统一将博士生奖学金标准提高至每月800元。但也有一些省份仍然"按兵不动"，如安徽省省属高校2012年仍按照1996年的标准执行。

根据中国博士质量分析课题组2007年的调查，家庭支付是博士生费用的最主要来源，其中有51.1%的博士生一半以上的经费依靠家庭支付，有22.4%的博士生九成的经费依靠家庭支付，而奖助学金、助研收入、勤工俭学、助学贷款、亲友借款等方面的来源十分有限，能够占到总费用一半以上的仅分别为25.4%、23.2%、12.8%、4.7%和4.4%，如表6-4。

表6-4 博士生费用来源统计　　　　　　　　　　单位：%

占总支出	家庭支付	亲友借款	助学贷款	奖助学金	勤工俭学	助研收入
90%以上	22.4	0.9	0.7	4.4	2.9	5.1
70%以上	34.3	1.8	1.6	11.9	6.1	10.8
50%以上	51.1	4.4	4.7	25.4	12.8	23.2
30%以上	61.3	8.7	8.8	40.1	21.4	38.7

数据来源：中国博士质量分析课题组。

近年来，随着国家"研究生培养机制改革""研究生教育创新计划""国家建设高水平大学公派研究生项目""博士研究生学术新人奖"等项目的陆续实施，以及一些学校的自主性探索（如2008年6月北京大学决定出资设立"北京大学博士研究生校长奖学金"，专门用于吸引和奖助拔尖创新研究生攻读博士学位，从事基础科学的研究），博士研究生的生活、学习条件得到了较大改善，并为博士生资助体系的改革打开了一扇窗口。

然而，长远来看，经费短缺仍将是中国博士生教育需要面对的问题。2006年以来推行的研究生培养机制改革通过导师负责制和资助制，激励了导师培养博士生的责任意识，也促使他们更多地为博士生提供科研机会，但同时也可能造成一些弊端，例如急功近利地追逐课题、盲目追求课题经费的数量、基础研究和人文学科研究受到忽视,等等。要消除这些弊端,不仅需要教育、财政行政主管部门的努力,也需要全社会的共同参与和支持,需要一系列的制度设计。

6.2.4 科研参与

从历史的角度看,研究生教育与科学研究的关系并不是一成不变的,既不是"自然的匹配",也不是"自然的疏离"。研究生教育并非一开始就和科学研究有着天然的联系,把科学研究职能引入大学不仅是科学走向专业化和职业化的重要标志,也彻底改变了哲学博士学位的性质。在早期,"教学与科研相结合"更强调通过科研促进教育作用的实现。随着近现代科学体系的建立,科研具有了自身明确的目的,"教学与科研相结合"开始指向出科研成果和培养科研人员两大国家任务,科研与教学和学习的结合成为近代高等教育的基本特征之一。许多学者认为,研究生培养与科学研究的一体化是美国研究生教育成功的重要原因。把研究生教育和有组织的科研联系起来,促使研究生教育和科研走向卓越,已经成为教授、行政人员和科研赞助人的一个普遍信念。①

当下,在我国博士研究生教育规模迅速扩大、培养质量问题逐渐凸显以及协同创新战略的大背景下,研究生教育与科学研究的深度融合成为政府决策部门、培养单位和高等教育学界高度关注的重要议题。2010年颁布的教育规划纲要指出,要"建立以科学与工程技术研究为主导的导师责任制和导师项目资助制"。教育部、国家发展改革委、财政部《关于深化研究生教育改革的意见(教研〔2013〕1号)》指出,要"更加突出科教结合和产学结合。重视对研究生进行系统科研训练,要求并支持研究生更多参与前沿性、高水平的科研工作,以高水平科学研究支撑高水平研究生培养"。

---

① 伯顿·克拉克.研究生教育的科学研究基础[M].王承绪,译.杭州:浙江教育出版社,2001:导言.

从现有研究来看,一些机构和学者主要从研究生参与科研的情况和研究生对科研训练的满意度两个维度分别进行了大量的实证调查。例如,中国学位与研究生教育发展报告课题组2005年的调查结果显示,博士生参与课题较多、一般、较少的比例分别为60.6%、29.9%和6.7%,硕士生参与课题较多、一般、较少的比例分别为41.9%、36.4%和15.5%;①中国博士质量分析课题组在2007年开展的全国博士质量调查结果显示,除人文学科外,其他学科80%以上的博士生在读期间均至少参与了一项课题研究;②中国研究生院院长联席会2009年的调查结果显示,博士研究生参加导师课题数的平均值为2.17项;③周文辉等人从研究生参与科研项目的数量、质量、作用、导师科研补助、学校科研支持等方面考察了研究生对参与科研训练情况的评价,分析结果表明,66.0%的研究生对科研训练情况感到"非常满意"或"比较满意",只有7.0%的研究生对科研训练的情况不满意。④但是,这些研究均没有涉及参与科研项目对研究生培养质量影响的内在机理这一根本问题,即没有反映出参与科研项目和研究生培养质量之间的联系,参与不同的项目类型和不同的科研组织方式对研究生培养质量究竟产生了怎样的影响仍有待深入探讨。

6.3 中国博士教育改革发展的政策建议

一般来说,伴随着高等教育规模的扩张,会导致大学生的流失

---

① 中国学位与研究生教育发展报告课题组.中国学位与研究生教育发展报告(1978—2003)[M].北京:高等教育出版社,2006:177.
② 中国博士质量分析课题组.中国博士质量报告[M].北京:北京大学出版社,2010:80.
③ 中国研究生院院长联席会.中国研究生教育年度报告2009[M].北京:高等教育出版社,2010:73.
④ 周文辉,王战军,刘俊起,等.我国研究生教育满意度调查——基于在读研究生的视角[J].学位与研究生教育,2012(12):34-40.

率和辍学率的相应上升以及学位的相对贬值,从而引发一定的就业困难。在经历20世纪60年代的博士生教育规模大扩张后,美国不同学科的博士毕业生都曾面临一定程度的就业难问题,尤以人文社会科学的博士毕业生为最。在经历一段较长时间的大规模扩张后,我国的博士生教育也必将同样面临严峻的挑战。一方面,博士生是科研课题的生力军甚至主力军,随着国家对大学和科研机构经费投入的不断增加,大学和科研机构对博士生的需求愈发强烈。在我们对一些理工科大学和科研机构的调研中,很多博士生导师都要求国家增加博士招生名额。另一方面,经过十余年的快速发展之后,很多高校的教师编制已趋于"饱和",加之多数"985工程"高校在招聘新教师时采取非海归不招的政策,本土博士的学术劳动力市场前景并不乐观。事实上,一些学科的博士毕业生在学术系统求职已经越来越困难了。

基于以上分析,笔者谨对中国博士教育的改革发展提出如下建议:

第一,稳定和控制博士教育规模。博士学位授予数达到1万人的规模,美国用了整整一百年的时间(1861—1961年),而我国仅用了17年(1982—1999年);博士授予数从1万到3万,美国用了11年的时间,中国用了7年的时间(1999—2006年)。博士授予数从3万增长到接近5万,美国用了34年的时间(1970—2004年),而中国仅用了3年(2006—2009年)。从这一简单的比较来看,中国博士规模发展的主要问题,第一是起步较晚,所以不得不在早期采取追赶式发展的策略。第二个问题是,美国博士教育1971年达到3万人的规模以后,进入了近20年的震荡调整期,博士学位授予规模一直徘徊在33000人左右。而中国没有经历震荡调整期,继续以惯性向前发展。目前,我国博士教育规模已经发展到较大的体量之后,自我增长的惯性作用会越来越大,2013年全国博士研究生计划招生数已达到6.9万人,如果不加控制,未来需要面对的可能就不仅仅是就业问题,在教育资源的承载力达到一定极限后,博士质量的下降将在所难免。早在1999年全国研究生培养工作会议上,时任教育部研究生工作办公室主任赵沁平就指出:"像美国这样的科技、经济、社会发展水平,每年也就3万人获得博士学位,而我国博士生招生已达2万。现在不少博士生从事的科研方向很难说是学科前沿的研究工作,有的长时间陷在导师的低水平横向开发项目上,这说明我国科技发展水平的拉动力还不高。博士生招生从这一点考虑应当稳定,否则质量会进一步下降。"[1] 因此,在经过博士教育规模的长期扩张后,有必要严格控制招生规模,以逐步消化在快速扩张过程中积累的诸多问题,切实实现研究生教育发展方式从注重规模发展向注重质量提升的转变。

第二,建立招生计划的动态调整机制。提高博士教育质量不是单凭导师的一己之力就能实现的,而是与实验室、图书馆建设、整个学科的实力,乃至相关学科的发展水平等配套资源息息相关,这些显然都需要一个长期的积累过程,博士培养必须保证一定的"集聚度"。[2] 美国的经验表明,其博士教育的扩张是在承担博士培养任务传统大学的培养能力达到饱和之后,才逐步"外溢"到下一层次培养单位。近年来,北京大学等一流大学都出现了"僧多粥少"的困境,即使一些正承担重要课题的知名教授也不能保证每年都能分到一个招生名额。而在另一些高校,由于博士生导师名额有限,尽管总体招生规模看起来比较少,平均下来就会比较"宽裕"。因此,应根据不同单位高水平人才队伍、学科水平、科研条件、科研经费等综合指标,核算并按周期调整博士生招生计划规模,逐步向重点学校、重点学科倾斜,新增招生指标主要用于承担国家重大科研项目,以及高校与科研机构、企业的联合培养项目。

第三,大力推进导师项目资助制。研究生教育和其他层次教

---

[1] 教育部研究生工作办公室,国务院学位委员会办公室.高层次人才培养的研究与探索[M].北京:高等教育出版社,2000:23.
[2] 李立国,曾旭萍.博士研究生教育的集聚效应研究[J].复旦教育论坛,2011(2):38-42.

育的差别之一是直接需要国家科学技术发展的拉动。① 美国科学研究委员会(NRC)1964年的一份报告称:"研究生教育只有自身作为科研过程的一部分来实施,它才可能有最高的质量。"② 在美国博士教育规模发展的"科研资源依赖"模式下,博士生导师的招生会"量入为出",每个学生入学后在科研条件和生活条件上都能有相对充足的保障,国家在一些重点学科领域的战略部署,能够迅速传递到基层博士培养单位,形成人才梯队。我国的"计划资源依赖"模式,虽然能够快速对国家重大战略部署、方针政策做出反应,但在培养单位内部,侧重发展某一学科或减缓发展某一个学科的意愿都会受到学科原有博士生储量及博士生导师储量的约束,为了回避可能产生的矛盾,在原有格局基础上滚动发展可能就成为培养单位内部名额配置的一种"理性"选择,势必延缓学科结构调整的预期。因此,必须尽快实行以重要学术成果、承担课题情况、指导学生质量等为主要指标的导师招生资格审核制,才能打破博导终身制和招生名额分配中"平均分配""轮流坐庄"的做法,改变在原有学科结构基础上的"膨胀式"扩张。

第四,努力留住和吸引优秀生源。留学研究生的规模和水平,不仅是一个国家研究生教育国际地位、影响力和竞争力的重要体现,也加强了大学的国际形象和研究能力。大量留学生不仅为美国博士教育提供了高质量的生源,大量留学生博士毕业后滞留不归也被认为是一种维系美国持续创新能力的重要投入,是美国大学、产业界新理念和创新的重要源泉。随着博士教育在国家竞争力中战略地位的凸显,不仅仅是美国,所有发达国家对优秀博士生源的竞争都愈加激烈。同时,我国一些985工程高校的研究生招生规模已经超过了本科生。在重点高校本科生规模相对较小,优秀

---

① 教育部研究生工作办公室,国务院学位委员会办公室.高层次人才培养的研究与探索[M].北京:高等教育出版社,2000:16-26.
② 〔美〕科学、工程与公共政策委员会,等.重塑科学家与工程师的研究生教育[M].徐远超,刘惠琴,等译.北京:科学技术文献出版社,1999:25.

生源大量流失,以及部分本科生毕业后直接就业等多重因素影响下,一流大学首先形成了高质量生源的"真空",并像"抽水机"一样把下一层次高校的生源吸收进来,逐级传递下去,最终导致了整个研究生生源质量的下降。同时,中国科技大学某院士指出:"现在不仅是高水平大学在人才招聘时过于热衷'洋博士',一定要从国外回来学校才收,在'小千人'等人才政策中也完全把'土博士'排斥在外。这个导向就使得我们本来要留在这儿的优秀本科生不留了,没办法留,把他们全部推到外面去,这对我们优秀生源的威胁非常大,是研究生培养最大的一个问题。"[①]因此,我们不仅需要努力吸引外国留学生来华攻读博士学位,还要努力通过进一步提高办学水平和博士生待遇、加强国内外联合培养的力度等措施留住国内优秀生源。

　　第五,加快专业学位的调整和改革。我国在大力加强专业学位教育、调整学位类型结构的过程中,必须结合中国自身的实际情况,重在调整,尤其不能在学术学位与专业学位上做简单的加减法、"一刀切"。例如,对于法学、医学等行业性和职业性强,但一直被归并在学术型学位教育中的学科,可以逐步调整到专业学位教育的体系中去,而不必另起炉灶,造成挤压效应和办学资源浪费。同时,要建立和完善学术型学位教育和专业型学位教育并重发展的研究生教育体系,专业学位教育也需要有明确的办学标准。与普通职业(occupation)相比,专门职业(profession)的内涵主要体现在是一种"专门化"的职业,是知识和技术含量更高、需要专门训练的职业,是一种"有学问"的职业。因此,在发展专业学位教育的过程中,要坚守学术性的标准,防止一些根本不具备学术性的职业渗入高校学位体系,同时杜绝盲目扩张,切实保障专业学位教育的质量。

---

① 国务院学位办课题组 2012 年 4 月 19 日—24 日在中国科技大学的访谈。

后　记

2004年9月至2007年7月,我师从张彦通教授在北航高教所攻读博士学位。博士毕业后,我以博士后身份加入北大教育学院研究生教育研究团队,在陈洪捷教授的带领下开展了"中国博士质量调查"课题的系统研究,完成了《中国博士质量报告》《博士质量:概念、评价与趋势》等学术著作,并开始把研究生教育作为主要的研究方向。

此后,我有幸先后参与了《国家中长期教育改革和发展规划纲要(2010—2020年)》《中国学位与研究生教育发展年度报告》《学位与研究生教育发展"十三五"规划》等重要文件的编研起草工作,既弥补了我非"科班"出身、教育学"正统"知识的不足,也使我有机会从更宽广的视角来观察、审视中国博士研究生教育的发展状况。

毋庸置疑,在高等教育规模扩张的大背景下,我国博士教育已经实现了历史性的跨越发展,成为仅次于美国的博士教育大国。但是,由于起步晚、缺乏历史沉淀,我国博士教育在发展路径、培养模式、质量保障等方面都还存在诸多亟待解决的重大问题。如何立足国情,面向世界,积极研究、借鉴研究生教育发达国家的典型做法和成功经验,是教育学者的重要使命。美国博士教育已经经历了一个半世纪的发展历程。总体而言,美国博士教育是成功的、富有创造力的,其教育模式已经被世界各国竞相模仿和借鉴,也是我国教育政策制定者和教育研究者重点关注的对象。但是,限于研究资料缺乏等因素，当下对美国博士教育的研究仍不够系统和深入。

2014年2月至2015年3月，在国家留学基金管理委员会的资助下，我到美国威斯康星大学麦迪逊校区进行了一年的访问学习，使我有机会查阅到大量有关美国博士教育的第一手资料，对20世纪60年代以来美国博士教育发展历程进行了较为系统的梳理和分析。

本书的大量前期研究，都是我和北大教育学院沈文钦副教授共同完成的，国家自然科学基金委员会的任之光博士和我指导的硕士生何爱芬也都对本书的完成做出了贡献。时常感念，作为一名年轻的学者，能够栖身于稳定的科研团队，经常得到陈洪捷教授、袁本涛教授、陈学飞教授、文东茅教授等优秀学者的指点，同时有沈文钦、王传毅、王顶明、周大喜等一批志趣相投的学界同仁相助，实乃人生之幸。

特别感谢单位领导郑晓齐教授、雷庆教授，以及李汉邦教授、马永红教授、赵婷婷教授等前辈老师，从我博士生时候起，他们就一直对我的学习、工作和生活给予了极大的关心和帮助。

特别感谢威斯康星大学麦迪逊校区 Adam R. Nelson 教授的指导和国家留学基金管理委员会的资助，使我有机会近距离认识美国的博士教育，并结识了姜殿坤、周杰、王强、刘徽、吴艳梅、李婉等一批挚友。

特别感谢北京大学出版社周志刚老师和吴卫华老师，他们对本书的内容框架和编辑排版都给予了很好的建议，并付出了大量的心血，谨对他们严谨、热情的工作表示由衷的敬意。

赵世奎
2016年3月28日

参考文献

中文文献:

[1] 〔美〕阿特巴赫.美国博士教育的现状和问题[J].教育研究,2004(6):34-41.

[2] 鲍威,张倩.扩招后我国研究生入学选择的实证研究[J].复旦教育论坛,2009(5):5-11.

[3] 〔美〕布什,等.科学——没有止境的前沿[M].范岱年,等译.北京:商务印书馆,2004.

[4] 陈学飞.传统与创新:法、英、德、美博士生培养模式演变趋势的探讨[J].清华大学教育研究,2000(4):9-20.

[5] 陈学飞.美国高等教育发展史[M].成都:四川大学出版社,1989.

[6] 陈子辰,王家平等.我国学位授权体系研究[M].杭州:浙江大学出版社,2012.

[7] 程萱.美国学位制度研究[D].武汉:武汉理工大学文法学院,2008.

[8] 段丽萍,汪玲.北美国家医学教育的历史与现状[J].学位与研究生教育,2007(3):69-73.

[9] 范文曜,刘承波.大学制度建设:加拿大、美国高教考察与启示[J].理工高教研究,2007.6:1-6.

[10] 付红波.美国生物科技及产业发展概况[J].中国生物工程杂志,2010,30(4):135-138.

[11] 高新柱,韩映雄.美国高等教育认证制度分析——建议我国高等教育认证制度的走向[J].大学·研究与评价,2009(2):73-79.

[12] 龚旭.美国国家科学委员会的决策职能及其实现途径[J].中国科学基金,2004(4):245-248.

[13] 黄安年.当代美国的社会保障政策[M].中国社会科学出版社,1998.
[14] 柯林斯.文凭社会:教育与阶层化的历史社会学[M].台北:桂冠图书股份有限公司,1998.
[15] 科学、工程与公共政策委员会,等.重塑科学家与工程师的研究生教育[M].徐远超,刘惠琴,等译.北京:科学技术文献出版社,1999.
[16] 贾宝余.资格考试:美国确保博士生质量的关键环节来源[N].科学时报,2007-05-08.
[17] 〔美〕克拉克.探究的场所:现代大学的科研和研究生教育[M].王承绪,译.杭州:浙江教育出版社,2001.
[18] 〔美〕克拉克.研究生教育的科学研究基础[M].王承绪,译.杭州:浙江教育出版社,2001.
[19] 李岚清.李岚清教育访谈录[M].北京:人民教育出版社,2003.
[20] 李立国,曾旭萍.博士研究生教育的集聚效应研究[J].复旦教育论坛,2011(2):38-42.
[21] 林杰.英美国家研究生导师资格认定制度管窥[J].学位与研究生教育,2007(9):74-77.
[22] 刘献君.发达国家博士生教育中的创新人才培养[M].武汉:华中科技大学出版社,2010.
[23] 卢晓东.研究生生均教育成本分析[J].高等教育研究,2004(5):64-71.
[24] 〔美〕罗伯特·斯蒂文斯.法学院:19世纪50年代到20世纪80年代的美国法学教育[M].阎亚林,李新成,付欣,译.北京:中国政法大学出版社,2003.
[25] 〔美〕罗德斯.创造未来:美国大学的作用[M].王晓阳,等译.北京:清华大学出版社,2007.
[26] 马桂敏,等.研究生教育淘汰制问卷调查[J].高等工程教育研究,2004(1):63-66.
[27] 蒲蕊.研究生教育学制的国际比较及其启示[J].武汉大学学报(人文学科版),2006(1):108-113.
[28] 沈文钦,赵世奎,蔺亚琼.美国博士生流失率和淘汰制度分析[J].研究生教育研究,2011(3):82-89.
[29] 沈文钦,赵世奎.美国第一级职业学位(FPD)制度分析[J].教育学术月刊,2011(7):23-27.
[30] 王蓉,魏建国.关于改革我国研究生教育投入体制机制的政策建议报告[OL]. http://ciefr.pku.edu.cn/publishsinfo_1756.html

[31] 王春侠,孙群郎."二战"后40年间美国女性的就业趋势[J].外国问题研究,2012(4):82-87.

[32] 王建成.美国高等教育认证制度研究[M].北京:教育科学出版社,2007.

[33] 王善迈.改革教育财政拨款体制,提高教育资源配置效率[J].教育研究,1995(2):20-22.

[34] 王英杰.美国高等教育发展与改革百年回眸[J].高等教育研究,2000(1):3-42.

[35] 王战军,郑中华.基于价值分析的学位授权制度评估[J].公共管理学报,2008(2):106-111.

[36] 魏建国.美国研究生教育财政支持机制——拨款、收费与资助[OL].北京大学中国教育财政科学研究所简报.http://ciefr.pku.edu.cn/publishsinfo_1877.html

[37] 〔美〕王作跃.在卫星的阴影下:美国总统科学顾问委员会于冷战中的美国[M].安金辉,洪帆译.北京:北京大学出版社,2011.8.

[38] 吴本厦.筚路蓝缕,开拓创新——黄辛白同志对我国学位与研究生教育事业历史贡献的回顾[J].学位与研究生教育,2009(7):1-5.

[39] 吴本厦.对我国研究生教育和学位工作的几点思考[J].中国高教研究,1994(2):19-23.

[40] 吴启迪.在国务院学位委员会学科评议组第十次会议上的讲话[J].学位与研究生教育,2006(1):1-9.

[41] 吴镇柔,陆叔云,汪太辅.中华人民共和国研究生教育和学位制度史[M].北京:北京理工大学出版社,2001.

[42] 〔美〕亚瑟·科恩.美国高等教育通史[M].李子江,译.北京:北京大学出版社,2010.

[43] 杨晨光.清华研究生院副院长解读:为何取消博导评聘制度[N].中国教育报,2011-2-28.

[44] 姚莉莉,翁朝健.杨振宁质疑博导制度,赞中国本科教育世界一流[OL].http://news.sina.com.cn/e/2004-11-21/21574304529s.shtml

[45] 杨克瑞.美国《高等教育法》的历史演变分析[J].比较教育研究,2005(4):21-25.

[46] 叶林.日本博士生教育的现状及启示[J].清华大学教育研究,2009(10):96-100.

[47] 赵可,袁本涛.美国联邦政府研究生资助政策的历史考察[J].清华大学教育研究,2009(1):43-53.

[48] 赵沁平.积极探索,勇于创新,大力推进研究生培养工作改革.教育部研究生工作办公室,国务院学位委员会办公室.高层次人才培养的研究与探索[M].北京:高等教育出版社,2000.

[49] 赵世奎,郝彤亮.美国第三代专业博士学位的形成与发展:以理疗、护理专业博士为例[J].北京大学教育评论,2014(4):34-47.

[50] 赵世奎,沈文钦.中美博士教育规模扩张的比较分析[J].教育研究,2014(1):138-149.

[51] 赵世奎,沈文钦.博士生导师制度的比较分析[J].学位与研究生教育,2011(9):71-77.

[52] 赵世奎,沈文钦.美国博士生资助制度及其启示[J].中国高教研究,2011(3):42-45.

[53] 赵世奎,沈文钦,张帅.博士修业年限及其影响因素分析——基于中美比较的视角[J].教育学术月刊,2010(4):34-37.

[54] 中国博士质量分析课题组.中国博士质量报告[M].北京:北京大学出版社,2010:78

[55] 中国学位与研究生教育发展报告课题组.中国学位与研究生教育发展报告(1978—2003)[M].北京:高等教育出版社,2006:75.

[56] 中国学位与研究生教育三十年成果[OL]. http://cqv.chinadegrees.cn/xwyyjsjyxx/xw30/

[57] 中国学位与研究生教育发展报告课题组.中国学位与研究生教育发展报告(1978—2003)[M].北京:高等教育出版社,2006.

[58] 中国研究生院院长联席会.中国研究生教育年度报告2009[M].北京:高等教育出版社,2010.

[59] 周文辉,王战军,刘俊起,等.我国研究生教育满意度调查——基于在读研究生的视角[J].学位与研究生教育,2012(12):34-40.

[60] 《中国学位与研究生教育发展战略报告(2002—2010)》编写组.《中国学位与研究生教育发展战略报告(2002—2010)》(征求意见稿)[J].学位与研究生教育,2002(6):1-21.

英文文献:

[1] About the Ohio Department of Higher Education[OL]. https://www.ohiohighered.org/board

[2] Academic Program Approval[OL]. https://www.ohiohighered.org/academic-program-approval

[3] ADRIAN E. Research Supervisor Training: An Irrelevant Concept or the Key to Success[J]. Microbiology Today, 2001(28): 58-59.

[4] ALTBACH P G. Doctoral Studies and Qualifications in Europe and the United States: Status and Prospects[OL]. http://unesdoc.unesco.org/images/0013/001364/136456e.pdf

[5] American Bar Association (ABA). Legal Education Statistics[OL]. http://www.abanet.org/legaled/statistics/stats.html

[6] American Bar Association. Enrollment and Degrees Awarded, 1963—2008 [OL]. http://www.abanet.org/legaled/statistics/charts/statspercent20-percent201.pdf

[7] ANDERSON M S, OJU E C. Help from Faculty: Findings from the Acadia Institute Graduate Education Study[J]. Science and Engineering Ethics, 2001(7): 487-503.

[8] ANDERSON M S, SWAZEY J P. Reflections on the Graduate Student Experience: An Overview[J]. New Directions for Higher Education, 1998(101): 3-13.

[9] BAIR C R, HAWORTH J G. Doctoral Student Attrition and Persistence: A Meta-Synthesis of Research[M]. Higher Education: Handbook of Theory and Research, 2004.

[10] BAKER M J, CARTER M P, LARICK D K, et al. Assessment and Review of Graduate Programs [R]. Washington, D. C.: Council of Graduate Schools, 2011.

[11] BARBARA K. Current Trends in Doctoral Education in Germany[R]. Workshop 4 "International Experiences of Training Programmes" at the International Forum on Research and the University, 2009:4.

[12] BARNES B J, AUSTIN A E. The Role of Doctoral Advisors: A Look at Advising from the Advisor's Perspective[OL]. http://970.donhamerly.info/sites/default/files/Barnes-Austin_2008.pdf

[13] BARNHILL R E, STANZIONE D. Workshop Report 2003—2004: Support of Graduate Students and Postdoctoral Researchers in the Sciences and Engineering: Impact of Related Policies & Practices[R]. National Science Foundation, 2004.

[14] Berkeley Campus Review Process Guide for Academic Programs and Units[OL]. http://opa.berkeley.edu/academicprograms/ReviewProcessGuide.pdf, 2013-12-20

[15] BERNARD B. Graduate Education in the United States[M]. New York/Toron-

to/London: McGraw-Hill Book Company, 1960.

[16] BLANPIED W. Science for the Public Good: Natural Science Perspectives on Science Policy through 1940[OL]. Vannevar, 2010. http://cnx.org/contents/c2443c16-b642-46dd-b228-6ecfad38afc8@1/Science_for_the_Public_Good:_N

[17] BLEDSTEIN B J. The Culture of Professionalism: the Middle Class and the Development of Higher Education in America[M]. New York: Norton,1978.

[18] Board of Regents of the University of Wisconsin System Office of the Secretary. Professional Doctorates in the UW System[OL]. http://www.uwsa.edu/bor/agenda/2008/november.pdf

[19] BOROUSH M. National Patterns of R&D Resources: 2008 Data Update[R]. NSF 10-314, 2010: Table1, Table 13.

[20] BOURKE S. Ph. D. Thesis Quality: the View of Examiners[J]. South African Journal of Higher Education, 2007, 21 (8): 1042-1053.

[21] BOWMAN R L. When a Law Degree is not enough: the Necessity of a Second Professional Degree for Lawyers [D]. Ph. D. diss., University of Iowa,2010.

[22] BOWEN W G, RUDENSTINE N L. In Pursuit of the Ph. D. [M]. Princeton: Princeton University Press, 1992.

[23] BOWEN W G, TURNER S E, WITTE M L. The B. A.-Ph. D. Nexus[J]. The Journal of Higher Education, 1976, 63(1):65-86.

[24] BRENEMAN D W. Graduate School Adjustments to the "New Depression" in Higher Education [M]. National Academy of Sciences, Washington, D. C., 1975.

[25] BRENEMAN D W, JAMISON D T, RADER R. The Ph. D. Production Process[M]. Education as an Industry, NBER, 1976.

[26] California Postsecondary Education Commission. Shortening Time to the Doctoral Degree: A Report to the Legislature and the University of California in Response to Senate Concurrent Resolution, 1990:66.

[27] CAMPBELL J L. Institutional Change and Globalization[M]. Princeton, NJ: Princeton University Press, 2004.

[28] CAPTE Accredited Physical Therapist Education Programs[OL]. http://www.capteonline.org/apta/directories/accreditedschools.aspx?

[29] CATTER A M. The Supply of and Demand for College Teachers[J]. 1966, 1(1):22-38.

[30] CARTER M. The Evolution of Doctoral Education in Nursing. BARKER A M. Advanced Practice Nursing: Essential Knowledge for the Profession[M]. Jones & Bartlett Publishers, 2009.

[31] CHASE S K, PRUITT R H. The Practice Doctorate: Innovation or Disruption? [J]. Journal of Nursing Education, 2006(45):155-161.

[32] Commission on Accreditation in Physical Therapy Education[R]. Evaluative criteria PT programs, 2014.

[33] Commission on Accreditation in Physical Therapy Education. 2012—2013 Fact Sheet Physical Therapist Education Programs[OL]. http://www.capteonline.org/uploadedFiles/CAPTEorg/About_CAPTE/Resources/Aggregate_Program_Data/AggregateProgramData_PTPrograms.pdf

[34] Compare DNP and Ph. D. [OL]. https://nursing.nyu.edu/academics/graduate/compare-dnp-and-phd

[35] CONTRERAS A L. The Legal Basis for Degree-granting Authority in the United States[OL]. http://www.doc88.com/p-748823264719.html

[36] Council of Graduate Schools. Task Force Report on the Professional Doctorate [R]. CGS:Washington, D. C., 2007.

[37] CROTTY H D. The Accreditation of Law Schools[J]. The Journal of Higher Education, 1960, 31(6):322-327.

[38] Doctor of Physical Therapy (DPT) Application Materials[OL]. http://www.sru.edu/academics/enrollment/graduate/pages/graduatephysicaltherapy.aspx

[39] EATON J S. Accreditation and Recognition in the United States[OL]. http://www.chea.org/pdf/AccredRecogUS_2012.pdf, 2013-12-25

[40] EHRENBERG R G, MAVROS P G. Do Doctoral Students' Financial Support Patterns Affect Their Time-to-Degree and Completion Probabilities[J]. Journal of Human Resources, 1995, 30(3):581-609.

[41] ELDER J P. Reviving the Master's Degree for The Prospective College Teacher [J]. The Journal of Higher Education, 1959,30(3):133-136.

[42] ETHINGTON C A, PISANI A. The RA and TA Experience: Impediments and Benefits to Graduate Study[J]. Research in Higher Education, 1993(3): 343-354.

[43] European University Association. Doctoral Programmes for the European Knowledge Society[R]. Brussels, Belgium, 2005: 20-23.

[44] GLENNY L. Doctoral Planning for the 1970s[J]. Research Reporter, 1971, 6(1):1-5.

[45] GOLDE C M. Beginning Graduate School: Explaining First Year Doctoral Attrition[J]. New Directions for Higher Education, 1998(101): 55-64.

[46] GOLDE C M. The Role of the Department and Discipline in Doctoral Student Attrition: Lessons from Four Departments[J]. The Journal of Higher Education, 2005,76(6):669-700.

[47] GOLDE C M, DORE T M. At Cross Purposes: What the Experiences of Today's Doctoral Students Reveal about Doctoral Education[OL]. http://www.phdcompletion.org/promising/Golde.pdf

[48] GOLDIN C. A Brief History of Education in the United States[R]. Nber Historical Working Paper, 1999(119):5-15.

[49] GURURAJ S, HEILING J V, SOMERS P. Graduate Student Persistence: A Meta-analysis of Evidence from Three Decades[J]. Journal of Student Financial Aid, 2010,40(1):31-46.

[50] HARMON L R, SOLDZ H. Doctorate Production in United States Universities [M]. National Academy of Science - National Research Council, Washington, D.C., 1963.

[51] HASTRATI M. Legitimate Peripheral Participation and Supervising Ph.D. Students[J]. Studies in Higher Education, 2005, 30(5): 557-570.

[52] HAYNES K N. Reasons for Doctoral Attrition[R]. The University of Georgia, the Graduate School Technical Report, 2008.

[53] HEATH T. A Quantitative Analysis of Ph.D. Students' Views of Supervision [J]. Higher Education Research and development. 2002, 21(1): 41-53.

[54] HOCKEY J. A Complex Craft:United Kingdom Ph.D. Supervision in the Social Sciences[J]. Research in Post-compulsory Education,1997,2(1): 45-70.

[55] HUNTER J S. Academic and Financial Status of Graduate Students[R]. Financial Support, 1967.

[56] JOSEPH B. Exploring Ways to Shorten the Ascent to a Ph.D.[OL]. New York Times, 2007-10-3.

[57] JOHN EPS, ANDRIEU S C. The Influence of Price Subsidies on Within-Year Persistence by Graduate Education[J]. Higher Education, 1995, 29 (29): 143-168.

[58] VALERO YFD. Departmental Factors Affecting Time-to-Degree and Completion Rates of Doctoral Students at One Land-Grant Research Institution[J]. Journal of Higher Education, 2001,72(3): 341-367.

[59] KAMAS L, PAXSON C, WANG A, et al. Ph. D. Student Attrition in the EECS Department at the University of California, Berkeley[OL]. http://www-inst. eecs. berkeley. edu/~wicse/index. php/papers/lindareport2. pdf

[60] KIDD C V. Shifts in Doctorate Output: History and Outlook[J]. Science, 1973,179(4073): 538-543.

[61] LEE A. How Are Doctoral Students Supervised? Concepts of Doctoral Research Supervision[J]. Studies in Higher Education, 2008, 33(3): 267-281.

[62] LEE P R. Some Thoughts on the Education of the Future Practitioner [J]. Journal of Architectural Education, 1987, 40(2): 42-44.

[63] LINCOLN T D. The Quality of Doctor of Ministry Education in 2002: What Program Directors Think [J]. Theological Education, 2003, 39(2):137-148.

[64] LOVITTS B E. Leaving the Ivory Tower: the Causes and Consequences of Departure from Doctoral Study[M]. Rowman & Littlefield Publishers, 2001.

[65] LOVITTE B E, NELSON C. The Hidden Crisis in Graduate Education: Attrition from Ph. D. Programs[J]. Academe,2000 86(6): 44-50.

[66] MALANEY G D. Who Receives Financial Support to Pursue Graduate Study? [J] Research in Higher Education 1987, 26(01): 85-97.

[67] MARCUS N. Florida State University Ph. D. Completion Project Phase II[R]. CGS Summer Workshop, 2009.

[68] MENAND L. The Marketplace of Ideas: Reform and Resistance in the American University [M]. W. W. Norton & Company,2010.

[69] Midwestern Association of Graduate Schools. Proceedings of the 58th Annual Meeting: Avoiding Attrition[R]. Chicago, Illinois, 2002:8-9.

[70] Midwestern Association of Graduate Schools. Show Me the Money: Funding Graduate Education[R]. Proceedings of the 59th Annual Meeting, 2003.

[71] Monash Research Graduate School. Handbook for Doctoral and Master of Philosophy Degrees[OL]. http://www. mrgs. monash. edu. au/research/doctoral/index. html

[72] MUSZYNSKI S Y. The Relationship between Demographic/Situational Factors, Cognitive/Affective Variables, and Needs and Time to Completion of the Doc-

toral Program in Psychology[D]. Kent State University, 1988.

[73] MWENDA K K. Comparing American and British Legal Education Systems [M]. Cambria Press, 2007.

[74] NAKATSU C, PLATER T, SCHIRMEISTER P, et al. Ph. D. Completion Project[R]. CGS Summer Workshop, 2008.

[75] National Board on Graduate Education. Federal Policy Alternatives toward Graduate Education: A Report with Recommendations of the National Board on Graduate Education[R]. Washington, D. C., 1974:18.

[76] National Center for Education Statistics. Classification of Instructional Programs 2000 Edition[R]. A-63, 2002.

[77] National Center for Education Statistics. The Condition of Education 2010[R]. NCES 2010-028, 2010:122.

[78] National Qualifications Authority. Review of Professional Doctorates, 2006[R]. http://www.eua.be/eua/jsp/en/upload/Review%20of%20Professional%20Doctorates_Ireland2006.1164040107604.pdf

[79] National Research Council. The Path to the Ph. D. : Measuring Graduate Attrition in the Sciences and the Humanities[M]. Washington, D. C. : National Academy Press, 1996.

[80] National Science Foundation, Division of Science Resources Stations. U. S. Doctorates in the 20th Century, NSF 06-319[R]. THURGOOD L, GOLLADAY M J, HILL S T. Arlington, VA 2006:78.

[81] National Science Foundation. Doctorate Recipients from U. S. Universities[R]. Summary Report 1999:56; National Science Foundation. Doctorate Recipients from U. S. Universities[R]. Summary Report 2007—2008:49-50.

[82] NERAD M. The Ph. D. in the US: Criticisms, Facts, and Remedies, Higher Education Policy[J]. 2004(17): 183-199.

[83] NERAD M, JUNE R, MILLER D S. Graduate Education in The United States [M]. New York: Garland Press, Spring 1997.

[84] NERAD M, MILLER D S. Increasing Student Retention in Graduate and Professional Programs[J]. New Directions for Institutional Research, 1996(92): 61-76.

[85] NONNER T N. Becoming a Physician: Medical Education in Britain, France, Germany and the United States, 1750—1945 [M]. New York: Oxford Universi-

ty Press,1995.

[86] Ohio Board of Regents. Guidelines and Procedures for Review and Approval [R]. Revised and Approved by RACGS, 2012.

[87] PLACK M M. The Evolution of the Doctorate of Physical Therapy: Moving Beyond the Controversy[OL]. http://www.paeaonline.org/index.php?ht=a/GetDocumentAction/i/69169

[88] Public Law. Higher Education Opportunity Act[OL]. http://www.gpo.gov/fdsys/pkg/PLAW-110publ315/pdf/PLAW-110publ315.pdf.sec.497,2013-12-20

[89] POWER G. In Defense of the JD [J]. Journal of Legal Education,1967(20):67-70.

[90] Report on Options for Organizing Professional Doctorates at CUNY[OL]. https://www.cuny.edu/about/administration/offices/hhs/policy-briefs/Professional_Doctorates.pdf.

[91] RESNICK D P. Innovative Universities: When, Why and How? [J]. Journal of Educational Planning and Administration, 2012(2): 331-341.

[92] Revised Process for Program Planning, Review, and Approval in the UW System [OL]. http://www4.uwm.edu/acad_aff/policy/uws-program-planning.pdf.

[93] Revised Substantive Change Manual: A Guide to Substantive Change Policies and Procedures 2013[EB/OL]. http://www.wascsenior.org/resources/sub-change,2013-12-25

[94] ROADEN A, WORTHEN B. Research Assistantship Experiences and Subsequent Research Productivity[J]. Research in Higher Education, 1976(5): 141-158.

[95] SCHOENFELD M. JD or LL. B. As the Basic Law Degree [J]. Cleveland Marshall Law Review, September, 1963:573.

[96] SMALLWOOD S. Doctor Dropout: High Attrition from Ph. D. Programs is Sucking Away Time, Talent and Money and Breaking Some Hearts too[J]. Chronicle of Higher Education, 2004,50(19): A10.

[97] SNYDER T D. 120 Years of American Education: A Statistical Portrait [M]. Washington, DC: US Department of Education, National Center for Education Statistics, 1993.

[98] SOLBERG W U. Reforming Medical Education: the University of Illinois College of Medicine [M]. University of Illinois Press, 2009.

[99] SPEICHER A L. The Association of American Universities: A Century of Service to Higher Education 1900—2000 [OL]. http://www.aau.edu/WorkArea/DownloadAsset.aspx?id=1090

[100] STEIN J W. The Juries Doctor [J]. Journal of Legal Education. 1963(15): 315-320.

[101] STOCK W A, SIEGFRIED J J. Time-to-Degree for the Economics Ph.D. Class of 2001—2002 [R]. AEA Papers and Proceedings: 467-474.

[102] Structure of the U.S. Education System: Research Doctorate Degrees [R]. International Affairs Office, U.S. Department of Education, 2008.

[103] Substantive Change Manual: A Guide to Substantive Change Policies and Procedures 2012 [OL]. http://wascsenior.org/files/2012_Substantive_Change_Manual.pdf, 2013-12-23

[104] TAYLOR S, BEASLEY N. A Handbook for Doctoral Supervisors [M]. London, New York: Rutledge, 2005.

[105] The Cold War's Effect on U.S. Education [OL]. http://www.enotes.com/topics/cold-wars-effect-u-s-education

[106] The National Defense Education Act of 1958: Selected Outcomes [OL]. https://www.ida.org/~/media/Corporate/Files/Publications/STPIPubs/ida-d-3306.ashx

[107] The Quality Agency for Higher Education. Code of Practice for the Assurance of Academic Quality and Standards in Higher Education [EB/OL]. http://www.qaa.ac.uk/academicinfrastructure/codeofpractice/section1/postgrad2004.pdf

[108] TROW M. The Implications of Low Growth Rates for Higher Education [J]. Higher Education, 1976(5): 377-396.

[109] TUCKMAN H, COYLE S, BAE Y. On Time to the Doctorate: A Study of the Lengthening Time to Completion for Doctorates in Science and Engineering [M]. Washington, D.C. National Academy Press, 1990.

[110] THURGOOD L, GOLLADAY M J, HILL S T. Arlington. U.S. Doctorates in the 20th Century, NSF 06-319 [R]. National Science Foundation, VA 2006:5.

[111] UC Davis Graduate Council. Procedures for Establishing a New Graduate De-

gree Program[R]. GC2008-02,2009.
[112] UC Task Force on Planning for Doctoral & Professional Education: Report of the Subcommittee on the Professional Doctorate-Last Revised August 4,2008 [OL]. http://senate.universityofcalifornia.edu/underreview/MW2DivChairs_PDPE%20Report_Review.pdf
[113] UDLIS K A,MANCUSO J M. Doctor of Nursing Practice Programs across the United States: A Benchmark of Information. Part I: Program Characteristics [J]. Journal of Professional Nursing,2012,28(5):265-273.
[114] University College London. Academic Regulations and Guidelines for Research Degree Students. 2009—2010 Academic Session[EB/OL]. http://www.ucl.ac.uk/srs/academic-manual/overview
[115] University of Wisconsin System. Criteria for Approving the Establishment of Professional Doctorate Programs at UW[OL]. http://www.uwsa.edu/acss/planning/Doctorates_Spring09.pdf
[116] U. S. Department of Education. 2007—2008 National Postsecondary Student Aid Study[R]. Washington D. C. 2008:13-14.
[117] U. S. Department of Education. Profile of Students in Graduate and First-Professional Education: 2007—2008[R]. Washington D. C. 2009.
[118] USMAN A. Degrees of Change: How New Kinds of Professional Doctorates Are Changing Higher Education Institutions[OL]. http://www.cshe.berkeley.edu/publications/degrees-change-how-new-kinds-professional-doctorates-are-changing-higher-education
[119] VALERO YFD. Departmental Factors Affecting Time-to-Degree and Completion Rates of Doctoral Students at One Land-Grant Research Institution[J]. Journal of Higher Education,2001,72(3):341-367.
[120] ZUSMAN A. Degrees of Change: How New Kinds of Professional Doctorates Are Changing Higher Education Institutions[OL]. http://www.cshe.berkeley.edu/publications/degrees-change-how-new-kinds-professional-doctorates-are-changing-higher-education

附　　表

附表1　美国历年博士学位授予数(1900—2012年)

年度	数量	年度	数量	年度	数量	年度	数量
1900	382	1929	1917	1958	8773	1987	32370
1901	365	1930	2075	1959	9213	1988	33500
1902	293	1931	2344	1960	9733	1989	34327
1903	337	1932	2400	1961	10413	1990	36067
1904	334	1933	2462	1962	11500	1991	37534
1905	369	1934	2696	1963	12728	1992	38890
1906	383	1935	2529	1964	14325	1993	39801
1907	349	1936	2712	1965	16340	1994	41034
1908	391	1937	2752	1966	17949	1995	41743
1909	451	1938	2754	1967	20403	1996	42414
1910	443	1939	2950	1968	22937	1997	42555
1911	497	1940	3277	1969	25743	1998	42683
1912	500	1941	3484	1970	29498	1999	41140
1913	538	1942	3405	1971	31867	2000	41372
1914	559	1943	2591	1972	33041	2001	40745
1915	611	1944	1968	1973	33755	2002	40033
1916	667	1945	1633	1974	33047	2003	40766
1917	612	1946	1990	1975	32952	2004	42123

(续表)

年度	数量	年度	数量	年度	数量	年度	数量
1918	556	1947	2951	1976	32946	2005	43384
1919	559	1948	3940	1977	31716	2006	45624
1920	562	1949	5390	1978	30875	2007	48133
1921	662	1950	6535	1979	31239	2008	48778
1922	780	1951	7331	1980	31020	2009	49553
1923	1062	1952	7717	1981	31356	2010	48032
1924	1133	1953	8379	1982	31111	2011	48908
1925	1206	1954	8708	1983	31281	2012	51008
1926	1441	1955	8905	1984	31337		
1927	1540	1956	8517	1985	31297		
1928	1632	1957	8611	1986	31902		

数据来源：1900—1999 年数据来源于 THURGOOD L，GOLLADAY M J，HILL S T. U. S. Doctorates in the 20th Century，NSF 06—319[R]. National Science Foundation，，VA 2006：Figure 2-4；2000—2012 年数据来源于 National Science Foundation. Doctorate Recipients from U. S. Universities Summary Report 2012[R]. Chicago，Illinois：Table 1。

附表2　美国高校博士学位授予的类型分布

	总计：人	公立：%	私立：%		总计：人	公立：%	私立：%
1920	562	31.1	68.9	1960	9733	54.0	46.0
1921	662	26.1	73.9	1961	10413	55.8	44.2
1922	780	31.5	68.5	1962	11500	57.0	43.0
1923	1062	30.9	69.1	1963	12728	57.3	42.7
1924	1133	31.1	68.9	1964	14325	58.4	41.6
1925	1206	35.7	64.3	1965	16340	59.4	40.6
1926	1441	33.8	66.2	1966	17949	60.7	39.3
1927	1540	33.3	66.7	1967	20403	60.9	39.1
1928	1632	39.5	60.5	1968	22937	61.3	38.7
1929	1917	36.2	63.8	1969	25743	63.0	37.0

(续表)

	总计:人	公立:%	私立:%		总计:人	公立:%	私立:%
1930	2075	40.7	59.3	1970	29498	64.4	35.6
1931	2344	39.1	60.9	1971	31867	65.0	35.0
1932	2400	38.2	61.8	1972	33041	65.7	34.3
1933	2462	38.5	61.5	1973	33755	65.5	34.5
1934	2696	41.0	59.0	1974	33047	65.8	34.2
1935	2529	42.5	57.5	1975	32952	66.4	33.6
1936	2712	39.5	60.5	1976	32946	65.2	34.8
1937	2752	42.9	57.1	1977	31716	65.7	34.3
1938	2754	44.1	55.9	1978	30875	65.6	34.4
1939	2950	41.9	58.1	1979	31239	66.0	34.0
1940	3277	45.8	54.2	1980	31020	65.6	34.4
1941	3484	44.8	55.2	1981	31356	65.5	34.5
1942	3405	45.6	54.4	1982	31111	65.9	34.1
1943	2591	43.0	57.0	1983	31281	66.3	33.7
1944	1968	43.4	56.6	1984	31337	66.0	34.0
1945	1633	41.6	58.4	1985	31297	66.7	33.3
1946	1990	41.1	58.9	1986	31902	66.0	34.0
1947	2951	44.1	55.9	1987	32370	66.6	33.4
1948	3940	43.8	56.2	1988	33500	66.5	33.5
1949	5390	45.3	54.7	1989	34327	66.8	33.2
1950	6535	46.9	53.1	1990	36067	67.0	33.0
1951	7331	46.2	53.8	1991	37534	67.3	32.7
1952	7717	50.0	50.0	1992	38890	67.7	32.3
1953	8379	52.5	47.5	1993	39801	67.6	32.4
1954	8708	53.5	46.5	1994	41034	68.4	31.6
1955	8905	54.0	46.0	1995	41743	67.8	32.2
1956	8517	53.8	46.2	1996	42414	68.4	31.6
1957	8611	53.5	46.5	1997	42555	68.8	31.2
1958	8773	53.4	46.6	1998	42683	68.4	31.6
1959	9213	53.8	46.2	1999	41140	67.3	32.7

数据来源：THURGOOD L, GOLLADAY M J, HILL S T. U.S. Doctorates in the 20th Century, NSF 06-319[R]. National Science Foundation, VA 2006: Figure 2-6。

附表3 美国高校博士学位授予的地区分布(%)

	东北	中西	南部	西部		东北	中西	南部	西部
1920	41.6	41.1	11.2	6.0	1960	34.2	35.3	15.4	15.1
1921	50.2	33.7	11.0	5.1	1961	33.6	35.3	15.4	15.7
1922	47.1	33.8	11.8	7.3	1962	31.5	34.6	17.0	16.9
1923	44.3	35.2	12.9	7.6	1963	30.8	34.7	17.4	17.1
1924	45.9	36.5	10.8	6.9	1964	30.2	34.3	18.1	17.4
1925	43.9	36.3	11.5	8.2	1965	29.1	32.8	19.1	18.9
1926	42.5	36.7	12.2	8.5	1966	28.6	31.7	20.0	19.7
1927	43.0	36.8	11.8	8.4	1967	28.2	31.6	20.5	19.7
1928	40.5	39.0	11.4	9.1	1968	27.6	31.5	21.0	19.9
1929	39.4	40.6	11.5	8.5	1969	27.3	31.4	21.4	19.9
1930	42.4	37.6	11.7	8.3	1970	26.4	31.9	21.7	19.9
1931	40.7	39.8	11.7	7.8	1971	25.6	32.1	22.1	20.1
1932	42.2	37.6	12.2	8.0	1972	26.4	30.8	22.9	19.9
1933	43.2	35.9	11.9	9.0	1973	27.0	30.6	22.3	20.1
1934	41.7	36.1	12.8	9.4	1974	26.5	30.0	23.1	20.4
1935	41.8	36.8	11.9	9.5	1975	25.9	29.8	24.5	19.7
1936	42.7	36.3	11.7	9.3	1976	26.8	28.5	24.9	19.8
1937	40.6	38.8	11.4	9.1	1977	26.7	28.0	25.3	20.0
1938	42.6	36.2	12.4	8.9	1978	27.0	27.5	25.3	20.2
1939	40.2	35.8	12.7	11.4	1979	26.1	27.9	25.8	20.1
1940	39.8	38.8	11.5	9.9	1980	26.0	27.4	25.7	20.9
1941	38.8	38.7	13.2	9.4	1981	25.9	27.2	25.8	21.1
1942	38.6	39.6	12.8	9.0	1982	26.1	27.3	25.8	20.8
1943	39.3	37.0	13.3	10.4	1983	25.6	26.7	26.1	21.6
1944	41.1	37.6	10.9	10.5	1984	26.1	26.5	26.3	21.2
1945	40.1	37.4	12.7	9.9	1985	26.0	27.0	26.6	20.3
1946	42.6	37.4	9.6	10.4	1986	25.9	26.0	27.1	21.0
1947	40.0	35.3	11.0	13.6	1987	25.8	26.5	26.9	20.7
1948	39.0	37.3	11.2	12.6	1988	25.9	25.5	27.3	21.2
1949	38.5	37.2	11.1	13.2	1989	25.7	25.4	27.5	21.2
1950	37.7	37.4	11.2	13.7	1990	25.4	25.7	28.2	20.5

(续表)

	东北	中西	南部	西部		东北	中西	南部	西部
1951	38.7	36.2	11.3	13.8	1991	25.5	26.0	27.6	20.9
1952	36.0	37.1	12.4	14.5	1992	25.1	26.4	28.0	20.4
1953	33.9	37.9	14.0	14.2	1993	25.1	25.3	28.8	20.8
1954	34.2	36.9	14.6	14.2	1994	24.7	25.6	28.5	20.9
1955	34.0	36.4	15.0	14.5	1995	24.5	25.6	28.6	21.1
1956	33.4	34.9	15.5	16.2	1996	24.3	25.8	29.4	20.4
1957	34.0	35.5	15.7	14.9	1997	23.4	25.6	30.1	20.7
1958	34.1	34.5	15.7	15.7	1998	23.8	25.5	30.4	20.1
1959	34.5	34.6	15.8	15.1	1999	23.3	24.5	31.3	20.6

数据来源:THURGOOD L, GOLLADAY M J, HILL S T. U.S. Doctorates in the 20th Century, NSF 06-319[R]. National Science Foundation, VA 2006; Figure 2-5。

附表4 美国高校博士学位授予的性别分布(%)

	总计			科学和工程领域			非科学和工程领域		
	合计	男	女	合计	男	女	合计	男	女
1920—1924	100	84.9	15.1	100	87.2	12.8	100	80.7	19.3
1925—1929	100	84.6	15.4	100	87.6	12.4	100	79.4	20.6
1930—1934	100	85.3	14.7	100	88.7	11.3	100	79.8	20.2
1935—1939	100	85.2	14.8	100	89.1	10.9	100	79.0	21.0
1940—1944	100	86.5	13.5	100	91.3	8.7	100	78.4	21.6
1945—1949	100	86.6	13.4	100	90.9	9.1	100	79.2	20.8
1950—1954	100	90.6	9.4	100	93.6	6.4	100	85.0	15.0
1955—1959	100	89.4	10.6	100	92.8	7.2	100	83.3	16.7
1960—1964	100	89.2	10.8	100	92.7	7.3	100	82.6	17.4
1965—1969	100	87.8	12.2	100	91.5	8.5	100	81.2	18.8
1970—1974	100	83.6	16.4	100	88.4	11.6	100	76.8	23.2
1975—1979	100	75.0	25.0	100	81.9	18.1	100	65.8	34.2
1980—1984	100	67.6	32.4	100	76.0	24.0	100	55.6	44.4
1985—1989	100	64.6	35.4	100	73.1	26.9	100	50.9	49.1
1990—1994	100	62.4	37.6	100	70.7	29.3	100	47.9	52.1
1995—1999	100	59.0	41.0	100	66.8	33.2	100	45.1	54.9

数据来源:THURGOOD L, GOLLADAY M J, HILL S T. U.S. Doctorates in the 20th Century, NSF 06-319[R]. National Science Foundation, VA 2006; Figure 3-3。

附表5 美国高校博士学位授予的学科分布(人)

	科学和工程领域								
	合计	农业科学	生物科学	地球、空气和海洋科学	数学、计算机科学	物理学	心理学	社会科学	工程
1920—1924	2724	136	646	139	114	996	217	416	60
1925—1929	4907	223	1148	193	237	1597	427	914	168
1930—1934	7455	372	1799	305	398	2352	545	1274	410
1935—1939	8487	336	2257	323	380	2931	571	1266	423
1940—1944	9267	411	2498	251	362	3435	528	1337	445
1945—1949	10014	463	2165	309	470	3392	725	1490	1000
1950—1954	25277	1535	5090	754	1056	7664	2753	3670	2755
1955—1959	28308	1749	5764	946	1254	7527	3606	4317	3145
1960—1964	38267	2305	7099	1380	2082	9525	4351	5554	5971
1965—1969	66183	3165	12377	2124	4325	14897	6618	9555	13122
1970—1974	94862	4236	17747	2871	6188	18075	11370	17371	17004
1975—1979	90804	4183	17716	3218	5052	13943	14770	18506	13416
1980—1984	91690	4857	19120	3100	4842	13507	16219	16698	13347
1985—1989	100930	5184	19666	3178	6051	15903	15699	16265	18984
1990—1994	123214	5356	24072	3942	9410	18607	16593	18168	27066
1995—1999	134271	5057	28339	4073	10302	18857	17843	20106	29694

	非科学和工程领域				
	合计	教育学科	健康科学	人文学科	其他
1920—1924	2724	136	646	139	114
1925—1929	4907	223	1148	193	237
1930—1934	7455	372	1799	305	398
1935—1939	8487	336	2257	323	380
1940—1944	9267	411	2498	251	362
1945—1949	10014	463	2165	309	470
1950—1954	25277	1535	5090	754	1056

(续表)

	非科学和工程领域				
	合计	教育学科	健康科学	人文学科	其他
1955—1959	28308	1749	5764	946	1254
1960—1964	38267	2305	7099	1380	2082
1965—1969	66183	3165	12377	2124	4325
1970—1974	94862	4236	17747	2871	6188
1975—1979	90804	4183	17716	3218	5052
1980—1984	91690	4857	19120	3100	4842
1985—1989	100930	5184	19666	3178	6051
1990—1994	123214	5356	24072	3942	9410
1995—1999	134271	5057	28339	4073	10302

数据来源:THURGOOD L, GOLLADAY M J, HILL S T. U.S. Doctorates in the 20th Century,NSF 06-319[R]. National Science Foundation,VA 2006:Figure 3-1.

附表6 美国高校博士学位授予单位的类型分布(所)

	总计	公立	私立		总计	公立	私立
1920	44	18	26	1960	165	89	76
1921	44	19	25	1961	172	89	83
1922	50	21	29	1962	174	95	79
1923	48	20	28	1963	185	103	82
1924	52	23	29	1964	195	110	85
1925	52	24	28	1965	204	113	91
1926	56	26	30	1966	215	121	94
1927	60	26	34	1967	219	120	99
1928	67	29	38	1968	229	127	102
1929	67	30	37	1969	231	129	102
1930	73	33	40	1970	240	133	107
1931	74	34	40	1971	260	146	114
1932	73	34	39	1972	267	153	114
1933	76	36	40	1973	286	160	126
1934	76	36	40	1974	292	165	127
1935	84	39	45	1975	292	164	128

(续表)

	总计	公立	私立		总计	公立	私立
1936	85	39	46	1976	294	167	127
1937	89	41	48	1977	304	171	133
1938	91	42	49	1978	311	172	139
1939	93	41	52	1979	311	173	138
1940	90	42	48	1980	320	172	148
1941	93	41	52	1981	323	179	144
1942	95	40	55	1982	328	180	148
1943	92	42	50	1983	332	183	149
1944	86	39	47	1984	331	183	148
1945	89	41	48	1985	337	186	151
1946	89	39	50	1986	340	187	153
1947	102	48	54	1987	349	191	158
1948	107	51	56	1988	351	192	159
1949	115	54	61	1989	356	196	160
1950	115	58	57	1990	354	193	161
1951	118	59	59	1991	364	196	168
1952	120	62	58	1992	367	197	170
1953	130	69	61	1993	372	199	173
1954	137	72	65	1994	374	201	173
1955	138	74	64	1995	381	204	177
1956	143	75	68	1996	389	209	180
1957	148	78	70	1997	383	208	175
1958	152	78	74	1998	387	210	177
1959	156	84	72	1999	392	215	177

数据来源：THURGOOD L, GOLLADAY M J, HILL S T. U. S. Doctorates in the 20th Century, NSF 06-319[R]. National Science Foundation, VA 2006: Figure 2-1。

附表7 美国高校博士学位授予单位的地区分布(%)

	东北	中西	南部	西部		东北	中西	南部	西部	Rico
1920	40.9	34.1	15.9	9.1	1960	33.3	20.0	27.9	18.8	na
1921	40.9	29.5	20.5	9.1	1961	33.1	19.8	26.7	20.3	na
1922	40.0	30.0	16.0	14.0	1962	32.8	19.5	26.4	21.3	na
1923	41.7	31.2	18.8	8.3	1963	32.4	19.5	27.0	21.1	na
1924	34.6	32.7	21.2	11.5	1964	32.8	20.0	27.7	19.5	na

(续表)

	东北	中西	南部	西部		东北	中西	南部	西部	Rico
1925	34.6	30.8	25.0	9.4	1965	34.3	19.6	26.0	20.1	*
1926	39.3	30.4	19.6	10.7	1966	33.5	20.9	26.0	19.1	0.5
1927	36.7	28.3	21.7	13.3	1967	33.3	20.5	25.6	20.1	0.5
1928	34.3	32.8	20.9	11.9	1968	33.2	21.0	25.8	20.1	0.0
1929	32.8	32.8	22.4	11.9	1969	32.9	21.2	25.5	20.3	0.0
1930	32.9	31.5	23.3	12.3	1970	32.5	21.7	25.8	19.6	0.4
1931	33.8	32.4	20.3	13.5	1971	30.4	20.4	30.4	18.5	0.4
1932	34.2	30.1	23.3	12.3	1972	30.0	20.6	31.1	18.0	0.4
1933	32.9	28.9	23.7	14.5	1973	29.4	19.6	32.5	18.2	0.3
1934	32.9	28.9	23.7	14.5	1974	29.5	19.9	32.9	17.5	0.3
1935	35.7	27.4	23.8	13.1	1975	30.1	19.5	32.5	17.5	0.3
1936	36.5	28.2	22.4	12.9	1976	28.9	20.1	33.0	17.7	0.3
1937	34.8	27.0	23.6	14.6	1977	28.6	20.1	32.2	18.8	0.3
1938	36.3	27.5	20.9	15.4	1978	28.0	20.3	31.5	19.9	0.3
1939	35.5	29.0	22.6	12.9	1979	27.3	20.3	32.5	19.6	0.3
1940	35.6	25.6	24.4	14.4	1980	27.8	20.3	31.6	20.0	0.3
1941	37.6	25.8	22.6	14.0	1981	26.6	21.1	32.2	19.8	0.3
1942	36.8	27.4	23.2	12.6	1982	26.5	21.3	32.0	19.8	0.3
1943	37.0	27.2	22.8	13.0	1983	26.5	20.8	32.8	19.6	0.3
1944	36.0	29.1	19.8	15.1	1984	25.7	20.8	33.2	19.9	0.3
1945	36.0	29.2	21.3	13.5	1985	26.1	20.5	33.2	19.9	0.3
1946	37.1	28.1	20.2	14.5	1986	26.5	19.7	33.5	20.0	0.3
1947	35.3	25.5	23.5	15.7	1987	25.8	20.9	33.0	20.1	0.3
1948	34.6	25.2	25.2	15.0	1988	25.9	20.5	33.0	19.7	0.9
1949	34.8	24.3	24.3	16.5	1989	25.8	20.5	33.7	19.1	0.8
1950	33.0	24.3	26.1	16.5	1990	25.4	21.5	33.3	18.9	0.8
1951	32.2	23.7	25.4	18.6	1991	25.5	20.6	33.8	19.2	0.8
1952	31.7	23.3	28.3	16.7	1992	25.3	20.7	33.8	19.3	0.8
1953	30.8	21.5	30.8	16.9	1993	24.5	21.0	34.7	19.1	0.8
1954	30.7	20.4	31.4	17.5	1994	24.3	20.6	35.0	19.3	0.8
1955	30.4	20.3	32.6	16.7	1995	24.4	20.5	34.9	19.2	1.0
1956	31.5	19.6	30.8	18.2	1996	24.4	21.1	34.4	19.0	1.0
1957	31.8	19.6	29.7	18.9	1997	24.0	21.1	35.0	18.8	1.0
1958	32.2	19.1	28.9	19.7	1998	24.3	21.2	35.1	18.3	1.0
1959	32.1	21.8	28.2	17.9	1999	23.5	20.7	34.9	19.6	1.3

数据来源：THURGOOD L，GOLLADAY M J，HILL S T. U.S. Doctorates in the 20th Century，NSF 06-319[R]. National Science Foundation，VA 2006：Figure 2-3。

附表 8 总研究与发展（R&D）经费支出
——按支出部门和高校经费来源统计（2005 年不变价计算，百万美元）

	支出总计	联邦政府	工业部门	工业部门 FFRDCs	高等院校 合计	高等院校 来源 联邦政府	高等院校 来源 其他政府部门	高等院校 来源 工业部门	高等院校 来源 高校	高等院校 来源 其他	高等院校 FFRDCs	其他非营利组织	非营利组织 FFRDCs
1953	31931	6281	22463	NA	1686	922	244	127	226	167	811	690	NA
1954	34437	5902	24955	NA	1846	1009	273	144	242	178	984	751	NA
1955	37871	5865	27234	742	2062	1152	301	163	253	193	1127	790	51
1956	49548	6590	36561	1941	2279	1288	329	184	268	210	1265	848	64
1957	55893	7318	41315	2296	2443	1362	361	206	288	226	1503	939	79
1958	60220	8312	44501	1782	2709	1545	397	215	306	246	1741	1076	99
1959	68106	9167	50168	2279	3195	1939	439	215	333	270	1903	1273	120
1960	73737	9684	53951	2565	3789	2433	484	215	360	296	2070	1420	258
1961	77444	10567	55051	2951	4432	2959	534	213	396	330	2340	1616	487
1962	82022	11476	57897	2235	5206	3601	588	212	441	365	2623	1904	682
1963	90932	13280	63407	2149	6114	4352	649	210	498	405	3008	2118	856

（续表）

					高等院校								
	支出总计	联邦政府	工业部门	工业部门FFRDCs	合计	来源					高等院校FFRDCs	其他非营利组织	非营利组织FFRDCs
						联邦政府	其他政府部门	工业部门	高校	其他			
1964	97653	15158	66706	2367	7026	5086	703	207	580	450	3215	2132	1048
1965	101672	15845	69340	1873	8005	5859	751	208	683	505	3160	2370	1079
1966	107747	16147	74167	1733	8875	6517	781	220	803	554	3180	2619	1025
1967	110576	16314	75620	1985	9638	7059	796	244	945	594	3296	2657	1066
1968	112063	15888	77298	1885	9936	7206	838	261	1002	629	3280	2708	1068
1969	112544	16409	77253	2009	9871	7029	901	262	1009	671	3165	2777	1061
1970	108038	17082	72353	1945	9942	6931	975	269	1063	703	2988	2782	946
1971	105561	17268	69830	1923	10046	6891	1026	282	1134	713	2877	2775	842
1972	107905	17555	71351	2057	10351	7096	1059	297	1170	730	2947	2893	751
1973	110098	17204	73647	1939	10504	7144	1072	318	1220	749	2992	3137	676
1974	108784	16737	72522	2113	10486	7044	1044	339	1280	779	3020	3222	685
1975	106282	16570	69899	2166	10635	7151	1037	352	1286	810	3179	3163	670
1976	111118	16597	73563	2508	10985	7380	1040	369	1353	844	3566	3208	690
1977	114802	16454	76458	2548	11512	7662	1044	409	1506	891	3887	3214	728
1978	120589	17233	79756	2678	12365	8239	1097	449	1681	900	4385	3350	823

(续表)

	支出总计	联邦政府	工业部门	工业部门FFRDCs	高等院校 合计	高等院校 来源 联邦政府	高等院校 来源 其他政府部门	高等院校 来源 工业部门	高等院校 来源 高校	高等院校 来源 其他	高等院校 FFRDCs	其他非营利组织	非营利组织FFRDCs
1979	126549	17073	84692	2660	13058	8793	1100	490	1794	881	4599	3575	891
1980	132407	16399	90531	2674	13518	9078	1086	552	1926	877	4829	3473	982
1981	138425	16476	96554	2652	13566	8941	1112	601	2025	887	4757	3417	1003
1982	145722	17146	103165	2678	13720	8804	1121	655	2177	963	4590	3456	967
1983	156156	18800	110556	2752	14324	9045	1142	750	2355	1032	4931	3777	1016
1984	171072	19937	122244	2910	15315	9617	1206	866	2533	1093	5427	4202	1038
1985	186227	21263	133780	3026	16740	10374	1354	1023	2831	1158	5872	4483	1063
1986	191059	21457	136534	3005	18336	11166	1540	1184	3207	1239	6312	4556	860
1987	195108	20981	139213	3080	19775	11994	1644	1283	3493	1361	6620	4653	786
1988	199858	21410	141657	3168	21229	12828	1739	1393	3772	1497	6838	4796	761
1989	204107	21909	143647	3157	22489	13402	1833	1526	4103	1627	6841	5277	787
1990	210515	21705	148758	3217	23461	13766	1938	1614	4413	1730	6778	5715	881
1991	215189	20398	153391	3046	24353	14268	1983	1661	4625	1816	6849	6223	931
1992	216053	20714	152559	3075	25333	15062	1993	1724	4663	1891	6872	6524	977
1993	211865	21132	147569	2512	26200	15733	1990	1779	4741	1957	6761	6734	958
1994	211847	20477	146975	2757	27051	16270	2031	1823	4930	1996	6628	7009	949

（续表）

	支出总计	联邦政府	工业部门	工业部门FFRDCs	高等院校 合计	联邦政府	其他政府部门	工业部门	高校	其他	高等院校FFRDCs	其他非营利组织	非营利组织FFRDCs
1995	225206	20731	159229	2788	27738	16670	2148	1898	5041	1983	6583	7146	991
1996	237513	19960	171348	2765	28545	16951	2240	2012	5338	2004	6493	7473	929
1997	250901	19891	183794	2519	29429	17183	2273	2138	5722	2113	6461	7837	971
1998	264829	20304	195416	2430	30617	17745	2306	2280	6038	2247	6501	8574	986
1999	282368	20573	209856	2350	32472	18744	2418	2399	6476	2434	6514	9458	1144
2000	302045	20710	225378	2255	34608	19980	2532	2450	7024	2622	6472	10971	1651
2001	308347	24661	222664	2227	37192	21806	2642	2414	7525	2806	6862	12325	2416
2002	302337	25812	210278	2455	40365	24291	2774	2343	7965	2992	7703	13210	2515
2003	309385	26539	213230	2611	43006	26695	2913	2262	8127	3009	7756	13594	2649
2004	312548	25724	215218	2568	44554	28070	2979	2262	8200	3043	7913	13839	2732
2005	324993	26322	226159	2601	45190	28254	2922	2323	8578	3113	7817	14077	2828
2006	339202	27356	239917	3024	45485	27908	2926	2431	8995	3225	7078	13492	2851
2007	354864	28109	253484	4862	46137	27631	3074	2580	9375	3478	5241	13911	3121
2008	371184	27480	267706	5844	47568	27943	3240	2767	9861	3757	4389	14767	3429
2009	364951	28161	257355	5875	49561	28775	3349	2988	10422	4026	4528	15977	3495

注：FFRDCs 指政府资助的研发中心。

数据来源：National Science Board. Science and Engineering Indicators 2012[OL]. Appendix table 4-3. http://www.nsf.gov/statistics/indicators/appendix/。

附表 9 基础研究 R&D 经费支出
——按支出部门和高校经费来源统计(2005 年不变价计算,百万美元)

	支出总计	联邦政府	工业部门	工业部门FFRDCs	高等院校 合计	来源 联邦政府	来源 其他政府部门	来源 工业部门	来源 高校	来源 其他	高等院校FFRDCs	其他非营利组织	非营利组织FFRDCs
1953	2843	628	934	NA	761	504	40	80	37	99	223	297	NA
1954	3118	589	1018	NA	904	592	59	92	52	110	270	337	NA
1955	3491	588	1140	NA	1082	702	84	102	70	124	301	380	NA
1956	4185	662	1475	NA	1282	831	111	114	90	137	338	428	NA
1957	4589	699	1529	NA	1470	939	140	127	111	152	403	488	NA
1958	5205	822	1628	NA	1721	1114	171	132	132	171	469	566	NA
1959	5927	897	1745	NA	2116	1431	205	131	155	194	515	654	NA
1960	6916	987	2022	NA	2606	1831	242	132	180	220	570	731	NA
1961	8037	1220	2100	NA	3177	2294	285	133	212	253	667	872	NA
1962	9568	1322	2560	NA	3863	2862	334	131	251	286	774	1049	NA
1963	10978	1477	2709	NA	4716	3576	389	127	299	324	908	1168	NA

(续表)

	支出总计	联邦政府	工业部门	工业部门FFRDCs	高等院校 合计	联邦政府	其他政府部门	工业部门	高校	其他	高等院校FFRDCs	其他非营利组织	非营利组织FFRDCs
1964	12248	1733	2592	215	5472	4210	431	128	356	348	1020	1217	NA
1965	13374	1880	2826	146	6127	4737	474	133	432	351	1092	1303	NA
1966	14303	2001	2895	151	6737	5204	505	142	520	366	1164	1355	NA
1967	15002	2053	2818	161	7358	5624	539	159	642	393	1246	1366	NA
1968	15338	2190	2758	159	7635	5747	594	170	710	413	1252	1345	NA
1969	15112	2360	2515	160	7591	5574	662	171	741	444	1178	1307	NA
1970	14780	2311	2328	148	7628	5439	738	177	805	471	1088	1277	NA
1971	14571	2276	2182	129	7708	5423	758	194	838	495	987	1289	NA
1972	14455	2262	2080	146	7650	5395	734	206	811	503	1014	1303	NA
1973	14582	2319	2116	128	7481	5295	698	208	794	486	1220	1318	NA
1974	14709	2331	2120	160	7440	5247	665	215	816	497	1352	1307	NA
1975	14524	2264	2017	158	7388	5268	633	213	785	489	1417	1281	NA
1976	15140	2395	2113	194	7536	5421	613	211	798	492	1567	1334	NA
1977	15916	2498	2215	199	7858	5600	614	236	885	523	1766	1380	NA
1978	17224	2585	2329	233	8356	5938	643	264	986	526	2242	1480	NA
1979	17907	2542	2409	238	8746	6213	653	291	1065	523	2398	1574	NA

(续表)

	支出总计	联邦政府	工业部门	工业部门 FFRDCs	高等院校 合计	联邦政府	其他政府部门	来源 工业部门	高校	其他	高等院校 FFRDCs	其他非营利组织	非营利组织 FFRDCs
1980	18314	2539	2524	251	9037	6409	643	326	1139	519	2443	1520	NA
1981	18492	2571	2828	262	9069	6378	647	350	1178	516	2459	1286	17
1982	19221	2746	3205	231	9187	6270	664	389	1293	572	2466	1370	16
1983	20624	3008	3656	203	9579	6403	687	451	1417	621	2666	1498	14
1984	22306	3140	4136	228	10281	6837	729	523	1531	661	2859	1647	15
1985	23951	3162	4435	213	11407	7479	835	632	1747	714	2911	1802	20
1986	27255	3219	6244	186	12620	8137	962	740	2005	775	3043	1923	21
1987	28536	3161	6456	219	13346	8533	1017	794	2161	842	3221	2110	22
1988	29538	3159	6215	503	13948	8862	1053	843	2284	906	3391	2286	36
1989	31489	3321	6931	573	14700	9238	1101	917	2466	978	3411	2488	67
1990	31896	3212	6411	691	15410	9541	1173	977	2672	1047	3421	2662	89
1991	36302	3181	9866	617	16134	9929	1220	1022	2845	1118	3554	2848	103
1992	36068	3160	8530	619	16868	10529	1230	1064	2878	1167	3746	3058	87
1993	36744	3350	8216	629	17445	11043	1218	1088	2900	1197	3775	3236	92
1994	37123	3189	8156	630	18029	11441	1241	1114	3013	1220	3673	3353	93
1995	36315	3298	6830	650	18576	11815	1312	1159	3079	1211	3313	3555	93

(续表)

	支出总计	联邦政府	工业部门	工业部门 FFRDCs	高等院校 合计	高等院校 来源 联邦政府	高等院校 来源 其他政府部门	高等院校 来源 工业部门	高等院校 来源 高校	高等院校 来源 其他	高等院校 FFRDCs	其他非营利组织	非营利组织 FFRDCs
1996	39475	3225	9024	852	19306	12146	1383	1242	3297	1238	3136	3836	95
1997	43664	3247	11584	739	20878	12920	1476	1390	3718	1374	3159	3929	127
1998	41366	3511	6845	664	22647	13964	1556	1538	4073	1516	3111	4339	249
1999	44872	3857	7658	642	24228	14858	1650	1637	4420	1662	3186	4843	457
2000	48193	4243	7935	616	25830	15741	1746	1690	4844	1808	3239	5636	694
2001	52631	4696	8876	609	27819	17143	1833	1675	5222	1947	3421	6201	1009
2002	55732	4892	8186	580	30337	19224	1918	1620	5507	2068	4028	6648	1062
2003	58014	4955	8849	318	31894	20883	1965	1527	5487	2032	3980	6925	1093
2004	57954	4853	8095	181	33051	21853	2023	1537	5571	2068	3854	6815	1106
2005	59686	4770	8667	136	34028	22186	2042	1624	5999	2177	3820	7084	1181
2006	59284	4568	8122	632	34520	21979	2087	1735	6417	2301	3239	7000	1203
2007	62325	4350	10608	2126	35086	21692	2225	1867	6785	2517	1623	7262	1271
2008	64670	4565	11390	2231	35770	21643	2333	1991	7099	2705	1540	7841	1332
2009	69234	5019	13473	2324	36948	22093	2394	2136	7448	2878	1647	8448	1375

数据来源:National Science Board. Science and Engineering Indicators 2012[OL]. Appendix table 4-4. http://www.nsf.gov/statistics/indicators/appendix/。

附表 10 博士学位获得者修业年限的学科差异

学科	1987	1992	1997	2000	2001	2002	2003	2004	2005	2006	2007	2008	2009	2010	2011	2012
总计																
TTD	10.5	10.6	10.6	10.3	10.2	10.2	10.2	10.0	9.9	9.6	9.5	9.4	9.3	9.3	9.1	9.0
ETD	8.7	8.7	8.7	8.5	8.2	8.6	8.5	8.0	8.2	7.9	7.8	7.7	7.7	7.7	7.7	7.7
生命科学																
TTD	8.9	9.5	9.4	9.1	9.0	9.0	8.9	8.8	8.7	8.6	8.6	8.6	8.5	8.6	8.5	8.5
ETD	7.2	7.9	7.7	7.7	7.2	7.4	7.2	7.0	7.1	7.0	7.0	6.9	7.0	6.8	6.9	6.9
自然科学																
TTD	7.5	8.1	8.1	7.9	7.7	7.8	7.8	7.8	7.8	7.7	7.8	7.7	7.5	7.6	7.6	7.5
ETD	6.3	6.9	6.9	6.7	6.7	6.7	6.7	6.7	6.7	6.7	6.7	6.7	6.7	6.7	6.7	6.7
社会科学																
TTD	10.5	10.8	10.1	9.9	9.9	10.0	10.0	10.0	9.9	9.7	9.6	9.6	9.4	9.5	9.5	9.5
ETD	8.7	8.7	8.2	7.9	7.9	8.2	8.2	7.9	8.1	7.9	7.9	7.7	7.7	7.7	7.7	7.7

（续表）

学科		1987	1992	1997	2000	2001	2002	2003	2004	2005	2006	2007	2008	2009	2010	2011	2012
工程	TTD	8.2	8.9	8.8	8.7	8.4	8.6	8.6	8.4	8.3	8.1	7.9	7.9	7.9	7.8	7.8	7.5
	ETD	6.7	7.1	7.2	7.2	7.1	7.2	7.3	7.2	7.2	6.9	6.7	6.7	6.9	6.9	6.8	6.7
教育	TTD	16.2	19.0	20.0	19.4	19.0	19.0	18.1	17.7	17.4	16.7	16.6	17.0	16.2	16.2	15.0	15.0
	ETD	13.5	15.6	15.7	14.2	13.9	14.2	13.2	12.7	13.0	12.7	12.6	12.7	12.3	12.5	11.7	11.8
人文学科	TTD	12.2	12.0	11.7	11.4	11.5	11.6	11.3	11.6	11.8	11.6	11.4	11.3	11.3	11.4	11.0	11.0
	ETD	10.7	10.2	9.7	9.7	9.7	9.7	9.7	9.6	9.7	9.7	9.7	9.3	9.5	9.3	9.3	9.0
其他	TTD	12.7	13.6	13.7	14.0	14.0	13.4	13.8	13.0	13.3	12.5	12.4	12.1	12.4	12.3	12.2	11.8
	ETD	10.2	10.9	10.7	10.7	10.7	10.7	10.7	9.9	10.6	9.9	9.7	9.3	9.7	9.5	9.7	9.1

注：TTD(Total Time to Degree)，指从大学毕业算起到获得博士学位的总时间；ETD(Elapsed to Time)，指从正式开始研究生学习算起到获得博士学位的总时间。

数据来源：National Science Foundation. Doctorate Recipients from U. S. Universities Summary Report[R]. Chicago. Illinois. 其中，2003年和2008年数据来源于2007——2008年报告；2004年数据来源于2009年报告；2000年，2005年和2010年数据来源于2010年报告；2001年，2006年和2011年数据来源于2011年报告；1987年，1992年，1997年，2002年，2007年和2012年数据来源于2012年报告。

注：本表中的博士学位获得者的修业年限数据均指"中位数"。

北京大学出版社教育出版中心

部分重点图书

一、北大高等教育文库·大学之道丛书

大学的理念	[英] 亨利·纽曼 著
什么是博雅教育	[美] 布鲁斯·金博尔
德国古典大学观及其对中国的影响（第三版）	陈洪捷 著
哈佛，谁说了算	[美] 理查德·布瑞德利 著
美国大学之魂（第二版）	[美] 乔治·M. 马斯登 著
大学理念重审：与纽曼对话	[美] 雅罗斯拉夫·帕利坎 著
美国文理学院的兴衰——凯尼恩学院纪实	[美] P. E. 克鲁格
营利性大学的崛起	[美] 理查德·鲁克 著
学术部落及其领地：当代学术界生态揭秘（第二版）	[英] 托尼·比彻等 著
大学如何应对市场化压力	[美] 埃里克·古尔德 著
美国现代大学的崛起（第二版）	[美] 劳伦斯·维赛 著
大学的逻辑（第三版）	张维迎 著
我的科大十年（续集）	孔宪铎 著
教育的终结——大学何以放弃了对人生意义的追求	[美] 安东尼·克龙曼 著
欧洲大学的历史	[美] 威利斯·鲁迪 著
美国高等教育简史	[美] 约翰·赛林 著
哈佛通识教育红皮书	[美] 哈佛委员会 著
知识社会中的大学	[美] 杰勒德·德兰迪 著
高等教育理念	[美] 罗纳德·巴尼特 著
知识与金钱——研究型大学与市场的悖论	[美] 理查德·布瑞德雷 著
美国大学时代的学术自由	[美] 罗杰·盖格 著
批判性思维是如何养成的	[英] 大卫·帕尔菲曼 主编
美国高等教育通史	[美] 亚瑟·科恩 著
现代大学及其图新	[英] 谢尔顿·罗斯布莱特 著
印度理工学院的精英们	[印度] 桑迪潘·德布 著
麻省理工学院如何追求卓越	[美] 查尔斯·韦斯特 著
后现代大学来临？	[英] 安东尼·史密斯 弗兰克·韦伯斯特 主编
高等教育的未来	[美] 弗兰克·纽曼 著
学术资本主义	[美] 希拉·斯劳特等 著
美国公立大学的未来	[美] 詹姆斯·杜德斯达等 著
21世纪的大学	[美] 詹姆斯·杜德斯达 著
理性捍卫大学	眭依凡 著
美国高等教育质量认证与评估	[美] 美国中部州高等教育委员会 编

大学之用（第五版）	［美］克拉克·克尔 著
废墟中的大学	［加拿大］比尔·雷丁斯 著
高等教育市场化的底线	［美］大卫·L. 科伯 著
世界一流大学的管理之道——大学管理决策与高等教育研究	程星 著
美国的大学治理	［美］罗纳德·G. 艾伦伯格 编

二、21世纪高校教师职业发展读本

美国大学如何培养研究生	［美］唐纳德·吴尔夫 著
给大学新教员的建议（第二版）	［美］罗伯特·博伊斯 著
学术界的生存智慧	［美］约翰·达利等 著
如何成为卓越的大学教师	［美］肯·贝恩 著
给研究生导师的建议	［英］萨拉·德兰蒙特等 著
如何提高学生学习质量	［英］迈克尔·普洛瑟等 著

三、北大高等教育文库·学术规范与研究方法丛书

如何成为优秀的研究生（英文影印版）	［美］戴尔·F. 布鲁姆等 著
如何撰写与发表社会科学论文：国际刊物指南（第二版）	蔡今中 著
科技论文写作快速入门	［瑞典］比约·古斯塔维 著
给研究生的学术建议	［英］戈登·鲁格
	玛丽安·彼得 著
如何为学术刊物撰稿：写作技能与规范（英文影印版）	［英］罗薇娜·莫瑞 著
如何撰写和发表科技论文（英文影印版）	［美］罗伯特·戴
	巴巴拉·盖斯特尔 著
社会科学研究的基本规则	［英］朱迪思·贝尔 著
如何查找文献	［英］莎莉·拉姆奇 著
如何写好科研项目申请书	［美］安德鲁·弗里德兰德
	卡罗尔·弗尔特 著
高等教育研究：进展与方法	［美］马尔科姆·泰特 著
教育研究方法：实用指南	［美］乔伊斯·P. 高尔等 著
社会研究：问题、方法与过程	［英］迪姆·梅 著
跨学科研究：理论与实践	［美］艾伦·瑞普克 著
社会科学研究方法100问	［美］尼尔·萨尔金德 著
如何利用互联网做研究	［爱尔兰］尼奥·欧·杜恰泰 著
如何成为学术论文写作高手	［美］史蒂夫·华莱士 著
——针对华人作者的18周技能强化训练	
参加国际学术会议必须要做的那些事	［美］史蒂夫·华莱士 著
——给华人作者的特别忠告	

四、北大开放教育文丛

西方的四种文化	［美］约翰·W. 奥马利 著
人文主义教育经典文选	［美］C. W. 凯林道夫 编
教育究竟是什么？——100位思想家论教育	［英］乔伊·帕尔默 主编
教育：让人成为人——西方大思想家论人文和科学教育	杨自伍 编译
我们教育制度的未来	［德］尼采 著